영혼론 입문

차례

Contents

03프롤로그

05 제1부 영혼의 역사

06영혼의 개념 09호메로스에서 소크라테스까지 19플라톤과 아리스토텔레스의 영혼론 26서구의 프쉬케와 동북아의 정신 33 근대철학의 '마음' 혹은 '의식' 40현대의 과학적 인간 이해

45 제2부 영혼의 능력들

46영혼의 본성 53인성의 기본 구도 60영혼의 능력들 86덕(德) : 영혼의 힘

92에필로그

프롤로그

영혼 개념은 오늘날 낡은 개념이다. 그러나 이 개념이 생명과 정신을 통일시키고 있다는 점에서 오늘날 새롭게 사유해 볼 필요가 있다는 생각이 이 책을 쓰게 했다. 제1부에서는 영혼 개념의 역사를 간략하게 짚고, 제2부에서는 영혼의 능력들(즉, 人性)에 대해 살펴볼 것이다.

오늘날은 인간의 내면에 초점을 맞추는 반성철학(현상학과 실존주의 등)의 한계가 드러나면서 구조주의 등 외면적 철학이 득세하게 되었다. 그러나 인간의 자기 이해가 외면적 방식으로만 이루어질 수는 없으며 반드시 내면적 이해도 균형 있게 보충되어야 한다. 전통적인 내성(內省) 철학으로 돌아가지 않으면서도(즉, 최근의 과학적 성과들을 흡수하면서도) 인간 존재의 섬세함을 함께 사유할 수 있는 하나의 길은 '영혼'이라는 개념에 초점을 맞추는 일이 아닐까? 이 책이 이런 방향으로의 연구에 밑그림을 제공해 줄 수 있었으면 한다.

제1부 영혼의 역사

영혼의 개념

인간을 특수한 존재로 만들어 주는 측면은 무엇인가? 이에 대해 전통적으로 영혼, 정신이라든가 의식, 마음, 이성, 주체와 같은 개념들이 제기되었다. 모두 뉘앙스가 다르지만, 이런 독특한 차원이 없다면 생명체로서의, 나아가 인간으로서의 삶이 성립하지 않을 것이라는 점은 분명하다. 이런 차원이 전제되지 않는다면 인간의 윤리나 가치의 문제는 아예 제기되지도 않을 것이기 때문이다. 인간이 가치나 윤리의 문제에 대해서 사고하는 것은 인간에게 이런 차원이 있기 때문에, 다시 말해 인간이란 물체이자 생명체인 동시에 또한 정신, 영혼, 마음 같은 것들을 가진 존재이기 때문인 것이다.

영혼은 희랍어로 'psychê'이다. 영혼을 둘러싼 논의에는 대체적으로 세 가지가 존재한다. 하나는 물론 '영혼이 무엇이냐?'라는 물음이다. 이는 영혼이란 개념의 규정 문제, 나아가 그것이 철학 전체의 구도에서 차지하는 의미, 위상, 유래 등에 관한 물음이다. 다음으로는 영혼과 신체의 관계 문제가 있다. 몸과 마음의 관계, 간단히 심신론(心身論)이라고 한다. 마지막으로는 영혼의 능력들(dynamis), 즉 영혼의 기능에 관한 논의가 있다(아리스토텔레스에 따르면, 능력이란 타자의 변화를 야기할 수 있는 힘이다(『형이상학』 1046a)). 이런 문제들이 영혼을 둘러싼 주요한 문제들이다.

다른 모든 문제들에서도 마찬가지이지만, 영혼의 문제에서도 그리스 철학이 기초가 된다. 특히 아리스토텔레스가 체계적인 영혼론을 남겼다. 아리스토텔레스의 핵심 저작들로는 『형이상학』 『자연철학』 『영혼론』이 꼽히는데, 아리스토텔레스가 영혼을 따로 떼어 한 권을 할애했을 정도로 영혼의 개념은 상당히 비중이 큰 문제이다. 그리스어에서 '프쉬케'라는 말은 오늘날의 영혼이라는 말보다 더 큰 외연을 띠었다는 사실에 주의해야 한다. 오늘날에는 영혼이라는 말이 잘 쓰이지 않는다. 과거의 고전적인 철학에서 사용되던 말이 오늘날에는 잘 사용되지 않는 경우가 많은데, 영혼이라는 말도 그런 경우이다.

그런데 과거의 '영혼'이라는 말은 오늘날처럼 인간의 고유한 어떤 것이라는 의미보다는 '생명'이라는 뜻으로 사용되었다. 살아 있다는 것은 곧 영혼을 가지고 있다는 것이었다. 반대로 죽은 것은 '영혼이 없는 것'이었다. 우리가 오늘날 어떤 사람에 대해 “저 사람은 영혼이 없어”라고 말한다면, 그것은 말하자면 인간미(人間美)가 없다는 뜻이다. 그렇지만 그리스어에서 이 말은 바로 죽은 사람에게 쓸 수 있는 말이었다. 그래서 오늘날 우리가 누군가에 대해 “영혼이 없다”고 말한다면, 그것은 (몸이 아니라 마음이) 죽은 것이나 마찬가지라는 뜻이 되겠다.

과거의 몇몇 사유들에서 한 가지 특이한 점이 발견된다. 우리가 ‘영혼’이라고 할 때 그것은 이미 어떤 개체를 전제하는 것이다. 그것이 사람이든 동물이든, 아니면 식물이든, 어떤 개별화된 존재나 개체를 전제하는 것이다. 즉, 그 개체의 영혼을 말하는 것이다. 그런데 과거에 영혼이라는 말은 때로는 세계 전체의 영혼, 우주의 영혼을 뜻하기도 했다. 이런 생각은 이 우주 자체가 하나의 생명체라는 것을 전제한다. 그래야 그것의 영혼을 이야기할 수 있기 때문이다. 그럴 때 ‘psychê toû kosmou(또는 ‘psychê toû pantos)’, 즉 ‘세계영혼(世界靈魂)’이라는 말이 사용되었다. 번역하기에 따라서는 ‘우주영혼(宇宙靈魂)’이라고도 할 수 있겠다.

어쨌든 영혼이라는 말은 이렇게 생명을 뜻하다가 점차 그 의미가 바뀌어 간다. 이제 그 역사를 추적하면서 이 개념의 복잡한 의미론적 층차(層差)들을 짚어보자.

호메로스에서 소크라테스까지

호메로스의 영혼관

영혼이라는 말이 처음에는 고차원적인 정신 활동을 뜻한 것이 아니라 생명을 뜻했다고 했거니와, 사실 그 생명 개념조차도 처음에는 지극히 조잡한 개념이었다. 우리는 호메로스에게서 그 용례를 찾을 수가 있다.

> ……파트로클로스는 그(사르페돈)의 가슴에 한 발을 얹고 몸뚱이에서 창을 빼냈다. 그러자 창과 함께 횡경막도 따라 나왔다.

그러니 그는 그의 영혼과 창끝을 동시에 빼낸 셈이 되고

말았다.(IVI, 503-505)

『일리아스』라는 책은 바로 아킬레우스의 분노를 다루고 있는데, 그의 분노를 폭발하게 한 것은 바로 자기가 가장 사랑하는 친구인 파트로클로스가 트로이의 헥토르에 의해 죽었던 사건이다. 그런데 파트로클로스에게 죽은 트로이의 전사가 다름 아닌 사르페돈이다. 파트로클로스가 헥토르의 전우인 사르페돈을 죽이고, 헥토르가 아킬레우스의 전우인 파트로클로스를 죽이고, 그러자 다시 아킬레우스가 분노해서 헥토르를 죽이는, 말하자면 싸움의 강도가 점점 커지는 구도를 띠고 있다. 사르페돈은 제우스가 살리고 싶어 했지만 살릴 수 없었던 아들이다. 제우스가 최고의 신인데, 그런 제우스조차도 어쩔 수 없는 운명이 있다는 것이다.

그런데 호메로스의 표현을 보면 현대인으로서는 이해하기 힘든 부분이 있다. 파트로클로스가 사르페돈의 가슴에 한 발을 얹고 몸뚱이에서 창을 빼냈고, 그때 창과 함께 횡경막도 따라 나왔다고 했는데, 그 다음 말이 흥미롭다. "그러니 그는 그의 영혼과 창끝을 동시에 빼낸 셈이 되고 말았다"는 것은 영혼이 창끝에 걸려 나왔다는 말이다. 이 표현에는 몇 가지 사항이 함축되어 있는데, 우선 영혼이라고 하는 것이 물질적인 어떤 것으로 이해되고 있다. 현대인은 영혼이라는 것이 육체와 대비되는, 비물질적인 것으로 알고 있지만, 여기에서는 그것을 창끝에 걸려 나온 것으로 묘사하고 있다. 추측하건대 영혼이 심장과 동일시되었을 수도 있다. 심장이 나온 것을 보고 영혼이 나왔다고 말했을 수도 있다. 동북아 전통에서도 '心'은 마음과 심장을 동시에 뜻한다. 다음으로, 영혼을 물질적인 것으로 봤을 뿐만 아니라 물질적인 것 중에서도 비교적 조잡한 것으로 봤다는 사실이다. 물질이라고 하더라도, 예컨대 물, 공기, 불 같은 것들은 손으로 잡을 수가 없는 것들이다. 동북아 문헌에 흔히 등장하는 표현으로는 '영묘(靈妙)한 것들'이다. 그런데 창끝에 걸려 나왔다고 했으니까 물질 중에서도 비교적 조잡한 것을 뜻한다는 것을 알 수 있다.

『일리아스』에서는 전사들이 싸우다가 죽는 것을 묘사하는 여러 가지 방식이 등장한다. 대표적인 것으로 "어둠이 그의 눈을 가렸다"는 표현을 들 수 있는데, 이런 표현들 중 하나가 바로 "사지(四肢)가 풀어졌다"는 것이다. 여기서 영혼은 바로 사지를 묶어주는 끈 같은 것으로 이해되고 있다. 팔과 다리가 십자가형으로 교차하고 있다고 할 때, 그 중심을 묶어주고 있는 끈 같은 것으로 이해된 것이다.

『일리아스』에서는 이렇게 영혼이 물질적인 것으로, 더구나 (후세의 이해와 비교할 때) 매우 조잡한 방식으로 이해되고 있다는 것을 알 수 있다. 다른 맥락들에서는 영혼이 오늘날의 '고스트'와 같은 것으로 이해되기도 한다. 이 경우는 영혼이 상당히 탈물질화된 경우이지만, 이 경우에도 사실 완벽하게 비물질적인 것은 아니다. 예컨대 5라는 숫자나 플라톤이 말하는 이데아=형상 같은 것들은 완벽하게 비물질적인 것이다.

그런데 우리가 흔히 유령(幽靈)이라고 부르는 것은 어떤가? 그것은 물질은 아니지만 (영화 같은 데에서 흔히 묘사되듯이) 뿌옇게 뭔가 있는 상태를 가리킨다. 『오뒤세이아』를 보면 오뒷세우스가 하계(下界)에 내려가서 아가멤논 등을 만나는 장면이 나온다. 그런데 영혼들=유령들이 완벽하게 탈물질적인 존재라면 오뒷세우스가 그들을 볼 수가 없고, 또 그들과 말을 나눌 수가 없었을 것이다. 이 때의 영혼은 탈물질적이긴 하지만 완전히 탈물질적이지는 않은 존재로 묘사된다.

또 하나 언급할 만한 것은 호메로스는 'psychê'와 'thymos'를 구분했다는 사실이다. 전자가 생명, 영혼에 해당한다면, 후자는 정신, 마음에 해당한다고 할 수 있다. 영혼이라는 것은 어떤 실체, 자연적 실체이다. 그에 비해서 마음이나 정신은 자연적 실체가 아니라 인간 고유의 그 무엇이다. 물론 호메로스에서는 이렇게까지 명확하게 구분되지는 않았지만, 영혼이 아직까지 탈물질화되지 않은 자연적 실체라면, 마음은 자연적 실체가 아니라 인간만이 이해할 수 있는 어떤 고유한 차원인 것이다. 이런 구분, 즉 자연적이고 불사의 것인 '영혼'과 인간적-사회적이고 죽은 후 사라지는 '정신/마음'의 구분은 이후 담론사에서 계속 보존된다. 다시 말해서 '정신/마음'은 인간 고유의 차원, 특수한 기능이기에 사람이 죽으면 없어지겠지만, 영혼이라고 하는 것은 죽어도 남는 것으로 이해된 것이다. 그것은 자연적 실체이기에 완전히 소멸되지는 않는 것이다. 물론 어떻게 남는지는 알기 힘들겠지만.

어떤 존재가 살아 있다는 가장 생생한 증거는 그것이 숨쉬고 있다는 것이다. 누가 죽었나 살았나를 알려고 할 때 우리는 그의 코에 손을 대거나 가슴에 손을 대 본다. 숨을 쉬나 안 쉬나 확인해 보는 것이다. 이런 맥락에서 영혼이 때로 호흡 그리고 그것의 상관항인 공기와 동일시되었다는 것을 이해할 수 있다. 프쉬케는 생명/정신도 되지만 동시에 호흡/숨도 된다. 우리말에 "숨이 끊어졌다"는 말은 죽었다는 것을 뜻한다. 숨이 끊어졌다는 말은 곧 생명이 끊어졌다는 말과 똑같은 말이다. 그리고 우리가 호흡한다는 것은 곧 공기를 호흡한다는 것이다. 그래서 프쉬케라는 개념은 또 공기하고도 통하는 말이다. 호메로스에서는 물론이고 이후의 자연철학자들에게서도 이런 이해가 발견된다. 아낙시만드로스와 아낙사고라스는 영혼을 공기와 연결시키곤 했다.

자연철학자들의 영혼관

그렇다고 이 사람들을 '유물론자들'이라고 부를 수는 없다. 왜인가? "유물론이라고 하는 것은 물질이 아닌 것이 있다"라는 주장이 있고, 그것과 대비되어서 "아니다, 물질만이 있다", 즉 "물질만이 진정한 실체이다"라고 주장할 때 성립하는 것이기 때문이다. 이때 사람들은 물질이 아닌 뭔가가 있다고 하는 그런 생각을 아예 한 번도 경험해 보지 못한 사람들이다. 철학사의 초기를 장식한 사람들에게는 물질/비물질이라는 개념 자체가 아직 뚜렷이 존재하지 않았다. 즉, 가장 근원적인 것을 물, 불 등으로 말했다고 해서 이 사람들이 의식적으로 유물론을 주장한 것은 아니라는 것이다. 그런데 영혼이라는 것은 매우 영묘한 것이라는 생각이 점차 자리잡으면서 물질과 완전히 단절되지 않으면서도 여전히 탈물질적인 것은 아닌 어떤 것이라고 생각하게 된다. 그때 이런 기준에 맞는 것으로 포착된 것, 즉 모든 물질 중에서 가장 가볍고, 가장 투명하고, 가장 순수하고, 가장 존귀한 물질이 공기로 포착되었다. 그래서 영혼 개념과 공기 개념이 연관된다. 전통 철학에서도 기(氣)의 청탁(淸濁)을 말한다. 기가 얼마나 맑으냐, 얼마나 탁하냐가 중요한 문제이다. 거칠고, 무겁고, 조잡하고, 큰, 탁한 기가 있고(장횡거 같은 사람은 '糟粕' 등의 표현을 쓴다), 부드럽고, 가볍고, 영묘하고, 작은, 맑은 기가 있다. 물이 대표적이고 그보다 더 '淸'한 것이 공기이다. 영혼이 아직 물질성 위주로 이해될 때에는 공기가 그것과 가장 가까운 것으로, 때로는 아예 같은 것으로 이해되었던 것이다. 이런 이해는 원자론에 의해 보다 세련화된다. 원자론에서는 영혼이란 것을 원자들 중에서 가장 섬세한 입자들, 즉 가장 작고, 가볍고, 맑은 입자들로 본다. 그것이 원자이다.

소크라테스의 영혼관

이 때까지만 하더라도 영혼은 물질적인 것 중에서 가장 영묘한 것으로 이해되었다. 그런데 소크라테스 시대에 이르러 영혼에 대한 완전히 다른 개념이 등장한다. 이제 영혼이라고 하는 것은 영묘한 물질이 아니라 물질적인 것과는 완전히 대조되는, 물질적인 것과는 범주가 아예 다른 어떤 존재로 파악된다. 소크라테스는 영혼이라는 개념에서 자연주의적 이해를 벗겨버리고 거기에 새로운 뉘앙스를 부여한다. 자연주의(naturalism)라는 사유는 자연과 문화를 날카롭게 나누는 이분법에 대해서 인간과 문화도 궁극적으로는 자연과의 연속선상에 있는 것으로 이해하려는 입장을 가리킨다. 물론 거듭 이야기하지만, 소크라테스 이전의 철학자들이 의식적인 자연주의자들인 것은 아니다. 그들은 아직 자연과 문화라는 이분법을 한 번도 겪어 보지 않은 사람들이다. 소크라테스 시대에 와서야 비로소 자연(physis)의 세계와 법(nomos)의 세계가 날카롭게 구분되기 시작한다. 인간이 스스로를 자연 바깥에 위치시키기 시작한 것이다. 소크라테스는 영혼 개념에서 조잡한 유물론의 성격(물론 이것은 현대적 관점에서의 판단이다)을 벗겨버리고, 오늘날 우리가 말하는 이분법적 사고, 즉 물질·신체와 대비되는 영혼·정신이라는 개념을 명확하게 제시한다. 이제 물질이 아닌 어떤 차원을 이야기하게 되는 것이다. 오늘날로 말하면 프쉬케 개념에 '정신의 힘' '사유의 힘'이라는 뉘앙스를 부여하는 것이다.

소크라테스는 "그대의 영혼을 돌보라(epimeleia heaotou)"라는 말을 자주 했다. 이것은 소크라테스의 가치관이 함축되어 있는 말이다. 인간이란 존재는 현실적으로 아주 속된 존재이며, 피상적인 쾌락을 찾는 존재이다. 그러나 소크라테스는 인간의 진정한 본성은 영혼이라는 것, 그 영혼은 이전의 철학자들이 '퓌지스'의 범주에서 다루었던 존재들과는 전혀 판이한 어떤 것이라는 것, 그 영혼을 갈고 닦는 것이 중요하다는 것, 자신의 영혼을 더럽히지 않는 것, 고결한 영혼으로 사는 것이야말로 가장 소중하다는 것을 가르쳤다. 소크라테스는 평생 그런 가치를 추구했고, 그래서 "그대의 영혼을 돌보라"라는 말을 자주 했던 것이다.

또 소크라테스는 "그대 자신을 알라"는 델피의 신탁을 늘 음미하곤 했다고 한다. 이 말은 때로 엉뚱하게 인용되곤 한다. 잘난 척하는 사람에게 "너 자신을 알라"고 한다. 이것은 엉뚱한 사용이다. 원래 이 말은 "그대가 얼마나 대단한 존재인가를 알라"라는 뜻이다. 당신이 얼마나 위대한 존재인지, 얼마나 큰 잠재력을 가지고 있는가를 보라는 뜻이다. 그 말은 곧 "그대는 미천한 존재가 아니라 영혼을 가진 존재다"라는 뜻이다. 그대는 단순한 돌멩이도 나무도 개도 아니다. 그대는 영혼을 가진 인간이다. 즉, 이성적 인식을 할 수 있고, 도덕적 판단을 내릴 수 있고, 심미적 기쁨에 젖을 수 있는 존재라는 뜻이다. 인간은 사유를 할 수 있고, 글을 쓸 수 있고, 아름다운 대화를 나눌 수 있는 참으로 위대한 존재인데, 그리고 인생이란 단 한 번밖에 없는 것인데, 왜 그대의 인생을 그렇게 보내고 있는가라는 뜻인 것이다. 그러나 소크라테스의 시대에는 '프쉬케'라는 말에 이런 뉘앙스를 넣어 이야기하는 경우가 아직 드물었다. 그래서 당대의 사람들은 소크라테스의 말을 잘 알아듣지 못했던 것이다. 이렇게 "그대의 영혼을 돌보라"라는 말과 "그대 자신을 알라"는 말은 서로 통하는 이야기이다.

소크라테스는 인간이라는 존재가 도덕적인 존재, 영혼을 가진 존재라는 것을 그 누구보다도 확신했던 인물이다. 소크라테스의 삶이나 사상을 이해하는 데에 이 사실은 핵심적이다.

플라톤 이전의 '퓌지스'라는 말은 만물을 포괄하는 가장 근원적인 것, 곧 '自然'이었다. 그런데 소피스트들, 소크라테스, 플라톤 등이 등장하면서 퓌지스라는 말의 외연이 좁아지게 된다. 과거에는 인간을 포함한 우주 전체가 퓌지스였는데, 이제는 인간과 문화에 대비되는 것이 자연이 된다. 물론 지금보다는 덜했지만, '자연과 문화'라는 이분법이 뚜렷이 등장하게 된다. 플라톤에게 이 우주는 제작된 것이다. 즉, 조물주(造物主)에 의해 만들어진 것이다. 따라서 우주는 이제 퓌지스가 아니라 피조물이 된다. 이런 플라톤의 생각은 특히 중세에 크게 환영받게 된다.

이 이야기를 지금 맥락과 연결시켜 볼 필요가 있다. 소크라테스는 인간의 영혼이라고 하는 것을 자연의 한 측면, 자연 중에서 특별한 것이 아니라 자연에 대비되는 개념으로 이야기하고 있다. 즉, 자연 개념이 문화에 대비되는 반쪽으로 전락했음(그리고 '만들어진' 것으로 화했음)을 뜻할 수도 있고, 동시에 인간이 자연으로부터 떨어져 나와 자신의 독특한 정신적 잠재력을 분명하게 깨닫게 되었음을 뜻한다고 볼 수도 있다. 전자는 다소 부정적인 뉘앙스로 말한 것이고, 후자는 긍정적인 뉘앙스로 말한 것이다.

오늘날 인간은 자연으로부터 지나치게 떨어져 나왔고, 자연이라고 하는 것은 전적으로 인간의 도구가 되어버렸다. 그래서 지금은 인간과 자연 사이에 놓인 깊은 골을 다시 메우는 작업이 시도되고 있다. 이것은 자연 개념 자체의 재검토라는 측면, 인간 속의 자연, 즉 자연과의 연속선상에 있는 인간 개념, 또 환경이나 생명공학 등의 보다 실제적인 측면 등 다양한 얼굴을 가지고 있다.

그러나 오늘날 자연과 인간의 통합이 논의된다고 해서 소크라테스의 위대한 업적이 기각되는 것은 전혀 아니다. 어느 시대이든 그 시대의 철학적 고투 – 정말 이런 말을 들을 수 있는 그런 고투 – 는 이전 시대 전체를 그 안에 아우른다는 전제하에서 성립하는 것이기 때문이다. 오늘날 인간과 자연을 다시 통합한다는 것이 소크라테스의 발견을 기각하는 것은 아닐 것이다.

플라톤과 아리스토텔레스의 영혼론

육체는 영혼의 감옥인가?

플라톤과 아리스토텔레스는 소크라테스 이전의 자연철학자들의 거시적이고 심오한 관심사와 소피스트들과 소크라테스에 의한 인문주의적 계몽을 통합한 철학사의 거장들이다. 자연철학은 학문적으로 심오하기는 하지만 인간의 고유한 실존이나 정치적 현실을 외면하기 쉽고, 인문주의는 현실성은 있지만 결국 철학적인 깊이를 느끼기는 힘들다. 철학사적 거장들이란 바로 이 쉽게 통합되지 않는 두 측면을 통합적으로 논의할 수 있는 정신적 크기를 가진 인물들이다. 그 중에서도 플라톤과 아리스토텔레스의 사유는 서구 철학에서 최고의 고전을 형성하고 있다.

영혼을 비물질적인 것으로 파악하려는 경향은 퓌타고라스, 엠페도클레스 등에게서 이미 나타나거니와 플라톤에 이르러 명확하게 표명된다. 퓌타고라스 학파는 오르페우스교와 밀접한 관련을 가진다. 퓌타고라스 학파는 바로 오르페우스교의 영향을 받아 극단적인 이원론적 사유를 전개했다. 자연철학 시대에는 대체적으로 영혼이 물질적인 것으로서 탐구되었는데, 그에 비해서 물질적인 것과 물질에 대해 초월적인 것을 날카롭게 나눈 집단이 바로 오르페우스교와 퓌타고라스 학파이다. 이 이원론적 사유는 나중에 플로티노스의 신플라톤주의 철학이라든가 기독교 사상에도 깊은 영향을 미치게 된다. 특히 기독교의 일파였으나 후에 '이단'으로 단죄된 그노시스 학파가 극단적인 이원론을 대변한다.

이런 이원론은 플라톤과 훗날의 데카르트에게서도 발견된다. 흔히 알려진 바에 따르면 플라톤은 '영혼불멸설'을 주장했고, "육체는 영혼의 감옥"이라고 한 것으로 되어 있다. 하지만 좀더 들어가 보면 그가 바로 영혼에서 불멸의 부분과 가사적(可死的) 부분을 나누었다는 것을 알 수 있다. 가사적 부분은 신체를 움직이게 하는 자연적 원리이고, 불사의 부분은 인간에게 고유한 차원이다. 그래서 죽음에 이르러 가사적인 부분은 신체와 더불어 죽는 것이고 불사의 부분만 남아 있게 된다. 영혼은 영원한 존재라는 점에서 그 자체가 하나의 형상이라고 할 수 있다. 그리고 이 형상, 더 정확히 말해 형상의 흔적들은 데미우르고스=조물주(造物主)에 의해 인간에게 불어넣어졌으며(『티마이오스』 44D), 이 때문에 인간은 형상들을 인식할 수 있게 된다. 이런 사유 구도는 훗날 데카르트에게 거의 그대로 이전된다. 즉, 신이 영혼을 먼저 만들고 이 영혼을 몸에다 넣어주었고, 그렇기 때문에 인간은 경험을 하기 전에 이미 영혼 속에 진리의 씨앗들을 담고 있다는 것이다. 이것이 바로 유명한 '본유(本有) 관념'이다. 그리고 이러한 본유 관념들을 가지고 있기 때문에 인간은 현상계를 넘어 실재를 인식할 수 있다는 것이다.

이런 사유 구도는 서구 초월철학의 전형적인 구도라고 할 수 있다. 첫째 신이 등장하고, 둘째 신이 탈물질적인 것을 먼저 모방하거나(플라톤) 만들어내고(기독교), 그 다음 그 탈물질적인 것을 물질에 '구현(具顯)'한다. 이것이 형상철학적/초월철학적 존재론의 구도이다. 그 다음 심신론으로 넘어가, 영혼과 육체가 날카롭게 구분되고, 탈물질적인 것들 중 하나인 영혼이 육체에 구현된 것으로 본다. 우주의 구조가 각 개체들(특히 인간)의 구조와 유비적이다. 그 다음 인식론으로 넘어와, 인간은 영혼을 가지고 있기 때문에 (육체에 상응하는) 세계의 외피(外皮)를 뚫고서 실재(존재론적 표현)/진리(인식론적 표현)를 발견할 수 있다고 말한다.

결국 인간의 영혼은 존재론적으로는 인간에게 들어와 있는 초월성(달리 말해 인간을 초월세계로 이어주는 사다리)의 역할을 하고, 인식론적으로는 탈물질적 차원을 인식할 수 있는 근거가 되는 것이다. 서구의 전통적인 초월철학들은, 세부적인 사항들을 무시하고서 말한다면, 기본적으로 이런 구도 위에서 움직였다고 할 수 있겠다.

영혼의 능력들에 관련해 플라톤은 삼분법을 시도했는데, 불사의 부분은 이성(logos)이고, 가사의 부분은 감정(thymos)과 욕망(epithymia)이다. 조심할 것은 이때 '감정'이라고 번역한 말은 넓은 의미에서의 감정 모두를 가리킨다기보다는 주로 '용기'라고 하는 좁은 의미를 뜻할 때가 많다('기개(氣槩)'로 번역하기도 한다). 현대 철학에서는 욕망에 긍정적인 뉘앙스를 많이 부여하려고 하지만, 플라톤에게서 욕망은 영혼의 저급한 부분을 가리킨다. 이런 삼분법은 그 후 오래도록 영향을 미치게 된다. 이 구분이 정치철학으로 넘어가면 각각 폴리스의 머리(지도자 계층), 가슴(전사 계층), 하체(생산자 계층)에 해당하게 된다. 영혼의 부분들을 그대로 국가의 계층들과 대응시키고 있는 것이다.

신체와 영혼, 한 실체의 두 측면

아리스토텔레스는 영혼을 세 종류로 나누고 있다(이 삼분법은 이미 플라톤에게서 보인다). 우선 식물적 영혼이 있다. 식물적 영혼은 신진대사를 하고 성장하는 역할을 한다. 그 다음 동물적 영혼이 있는데, 동물적 영혼은 감각-운동적 영혼이다. 감각작용을 하고, 또 운동할 수 있는 영혼이 동물의 영혼이다.

마지막으로 인간만이 가지고 있는 이성적 영혼이 있다. 영혼에는 이렇게 세 종류가 있는데, 식물들은 식물적 영혼 하나만 가지고 있고, 동물들은 식물적 영혼에 감각-운동적 영혼을 곁들여 가지고 있고, 인간은 그 두 개의 영혼에 다시 이성적 영혼을 가지고 있다고 보는 것이다. 이 생각은 그 후 계속해서 큰 영향을 미치고 있고, 오늘날까지도 상식적으로 받아들여지고 있다.

이런 생각은 상당히 매력적인 측면이 있다. 왜냐하면 프쉬케라는 개념에서의 '생명'의 의미와 (좁은 의미에서의) '영혼'의 의미를 하나의 체계 속에 통합하고 있기 때문이다. '학문적 매력'이라는 것을 무엇으로 보느냐 하는 자체도 사람마다 조금씩 생각이 다를 수 있지만, 따로 떨어져 있던 생각들을 어떤 보다 큰 개념틀 속에 통합해서 보여주는 것도 분명 빼놓을 수 없는 요소이다. 아리스토텔레스는 자연철학적인 맥락에서의 영혼 개념과 인간 고유의 영혼 개념을 보다 넓은 철학적 틀 속에서 조리 있게 통합하고 있다. 그런 점에서 그의 작업은 의미가 있다. 그는 생명과 정신(인간의 영혼)을 연속선상에 통합하고 있으면서도 그 둘에 차이를 주고 있다. 인간의 정신/이성은 자연과 단절되어 있는 것이 아니라 생명의 최고의 형태인 것이다. 이런 생각은 훗날 베르그송에 의해 계승되지만, 베르그송은 이 구도를 전혀 다른 구도로 발전시키게 된다.

아리스토텔레스는 심신론에 관련해 이전의 전통과는 다른 생각을 제시하고 있다. 퓌타고라스-플라톤 전통에서는 "신체(s ôma)는 무덤(sêma)"이라고 한다.(『고르기아스』 493A) 조심할 것은 신체가 무덤이 되는 경우는 불사의 영혼 부분에 있어서라는 점이다. 가사적인 영혼의 경우 신체는 그 필수적인 짝이다. 죽을 운명의 영혼은 신체와 갈등 관계에 있지 않다. 신체와 맞물려 있어 신체가 없으면 의미가 없는 것이기에 그렇다. 이에 비해 불멸의 영혼은 초월적인 것이다. 초월적인 것이기에 몸이 감옥이 되는 것이다. 불사의 영혼은 죽을 경우 신체와 분리되는 실체라고 해야 한다(그에 비해 가사적 영혼은 신체의 죽음과 더불어 해체된다).

그러나 아리스토텔레스는 영혼과 신체가 결합된 개체의 실체성을 강조하고, 개체라고 하는 것은 영혼과 육체가 서로 뗄 수 없이 결합되어 있는 것으로 본다. 육체와 영혼이 결합된 그대로의 개체를 긍정하는 것이다. 아리스토텔레스는 영혼을 신체의 '현실태' '목적인'으로 봄으로써 우리에게 새로운 시각을 보여준다. 신체는 잠재태이고, 영혼은 현실태이다. 즉, 그는 육체를 이끌어 가는 목적인으로서 영혼을 파악한다. 잠재태와 현실태는 두 실체가 아니다. 한 실체의 두 측면이다. 그런 점에서 아리스토텔레스는 육체와 영혼이 독자적 실체들이라고 보기보다는 서로 분리될 수 없는 두 측면이라고 보는 셈이다. 그렇지만 그는 실체론에서 개체의 위상이 그랬듯이, 영혼론에서도 신체와 결합된 영혼, 즉 개체를 있는 그대로 긍정하는 측면과 영혼의 독자적 가치를 중시하는 측면을 동시에 보여준다. 후자의 측면은 플라톤과 가까워지는 측면이라고 할 수 있겠다.

중세의 영혼, 신과 인간을 이어주는 사다리

이후 서구 철학에서는 영혼을 초월적으로 사유하려는 경향과 내재적으로 사유하려는 경향이 줄곧 이어지게 되지만, 전체적으로는 초월적 사유로 이어져 갔다고 할 수 있다. 다만 스토아·에피쿠로스 학파는 영혼을 물질—물론 특별한 물질—로 사유하려는 경향을 보인다. 그러니까 스토아·에피쿠로스 학파는 의식적인 유물론자라고 할 수 있다. 이미 플라톤과 아리스토텔레스의 형상철학을 거친 후 등장한, 그들을 염두에 둔 의식적인 유물론자라는 뜻이다. 그러나 전체적으로 볼 때 플로티노스, 교부철학, 스콜라 철학 그리고 17세기 형이상학—데카르트, 라이프니츠, 말브랑슈 등—에 이르기까지 서구 철학의 전통은 퓌타고라스-플라톤-아리스토텔레스의 사유 노선을 이어갔다고 할 수 있다. 그래서 중세철학에서는 영혼이라고 하는 것이 신과 인간을 이어주는 사다리 같은 것으로 이해된다. 다른 동물들에게는 없는 인간 고유의 영혼이 신과 인간을 이어주는 중간 매체가 되어 주는 것이다. 이런 생각은 17세기까지도 이어진다. 다만 17세기에 이르면 가쌍디 같은 유물론자나 스피노자 같은 독창적인 인물도 등장하게 된다.

서구의 프쉬케와 동북아의 정신

헬라스어 'psychê'는 오늘날 'psychology' 같은 말에 그 흔적이 남아 있다. 'psychê'는 라틴어로는 'spiritus'와 'animus/anima'로 분화되어 번역되었다. 일반적으로 볼 때, 하나의 말이 여러 가지로 분화되어 번역되는 경우도 있고, 여러 말이 하나로 통합되어 번역되는 경우도 있다. 예컨대 '개체/개인(individuum)'이라는 말과 '원자(atomum)'라는 말은 둘 다 그리스어 'atoma'를 번역한 것이다. 'individuum'은 '나눌 수 없는 것'이라는 뜻을 가지고서 번역한 것이고, 'atomum'은 그대로 음역한 것이다. 또 '대상(objectum)'과 '문제(problem)'는 둘 다 그리스어 'problêma'를 번역한 것이다. 'objectum'은 '앞에 던져져 있는 것'이라는 뜻에서 번역한 것이고, 'problem'은 그리스어가 그대로 현대어가 된 것이다. 즉, 오늘날 우리가 말하는 '개체/개인'과 '원자' 그리고 '대상'과 '문제'는 원래 한 단어였던 것이다.

'animus'는 직접적으로는 'anemos(바람, 공기)'에서 유래했고, 프랑스어의 'âme'에 해당한다(영어의 'soul', 독일어의 'Seele'에 해당). 여성형 'anima'는 역시 공기, 호흡, 생명, 바람 등을 뜻하고 때로는 'animus'와 동의어로 쓰였다. 이것은 오늘날의 '애니메이션' 같은 말에 그 용법이 남아 있다. 이에 해당하는 라틴어 'spiritus' 역시 공기, 호흡, 생명을 뜻했고, 프랑스어의 'esprit', 영어의 'spirit', 독일어의 'Geist'에 해당한다. 아니무스/아니마에는 '능력들'이라는 뜻이 함축되어 있지만, 스피리투스는 주로 자연철학적인 용법으로 사용되었다. 이는 우리말의 '精氣'에 상당히 가깝고, 둘 다 영혼 또는 정신으로 번역될 수 있다.

동북아 사상사에서도 '靈魂' '精神'은 중요한 역할을 했는데, 그래서 'psychê'라는 말을 '영혼' 내지 '정신'으로 번역한다. '靈'은 글자를 잘 보면 비 우(雨), 세 개의 입 구(口), 무당 무(巫)로 되어 있다. 즉, 비를 내려달라고 빌고 또 비는 무당을 뜻하는 것으로 해석할 수 있다. 종교적이고 초월적인 존재가, 또는 그런 존재와 현실 세계를 잇는 중간적 존재가 함축되어 있다고 할 수 있겠다. 특히 은(殷)나라에서 '巫'는 중요한 역할을 담당했는데, '巫'는 결국 '自然(더 정확히는 天地)'을 담당하는 존재였다. 전통 사회에서 자연과 인간이 맺는 가장 중요한 관계는 농사에 있다고 할 수 있었고, 또 농사에서 자연과 맺는 가장 중요한 관계는 역시 비였다. 결국 '巫'의 가장 중요한 임무는 바로 비를 예측하는 것, 비를 내리게 하는 것이었다고 할 수 있을 것이다. '易'이라는 말이 '척(蜴)'에서 나왔다는 사실은 잘 알려져 있는데, 이때 '蜴'은 도마뱀, 즉 파충류를 뜻한다. 그런데 파충류는 물, 습기, 비와 매우 밀접한 관련이 있다. 그래서 '巫'는 파충류와도 밀접한 관련을 가진다. 복희와 여와를 그린 그림을 보면 위는 사람인데 아래는 뱀으로 그려져 있다. 이 역시 같은 맥락에서 이해할 수 있다. 즉, 무(巫)·파충류·비·점(占) 등이 모두 밀접한 관련을 가지고 있었던 것이다. 그리고 이런 맥락이 바로 '靈'자에 잘 응축되어 있다.

혼(魂)은 백(魄)과 짝을 이루어 흔히 '혼백'으로 이야기된다. 지금은 거의 쓰지 않는 말이 되었지만, 프쉬케와 마찬가지로 어떤 존재를 살아 있게 만드는 것이 바로 혼백이다. 그러니까 혼백은 프쉬케라는 말의 고층대적 의미와 통한다고 할 수 있다. 어떤 물체가 있을 때 이 물체를 죽어 있는 것이 아니라 살아 있는 것으로 만들어 주는 것이 프쉬케이듯이, 혼백은 어떤 신체를 살아 있게 만들어 주는 것이다. 따라서 그 존재가 죽으면 혼백은 빠져나온다. 양기인 혼은 위로 올라가고, 음기인 백은 아래로 내려간다. 위로 올라간 혼은 신(神)이 되고, 아래로 내려간 백은 귀(鬼)가 된다. 따라서 귀신(鬼神)은 그 몸을 잃었으되 비물질적인 동일성은 상실하지 않은 어떤 것이다. 물질성을 잃어버렸는데도 여전히 남아 있는 어떤 것, 그런 것이 귀신이다. 이것은 라이프니츠가 말하는 '모나드'와 상당히 비슷

한 점이 있다. 물론 우리는 동북아 사유에서 그 어떤 것도 '만들어진' 것은 아니라는 점을 기억해야 할 것이다. 대중문화에서 접하는 바와는 달리, 귀신이라는 개념은 동북아 사유에서 매우 중요한 함축을 띠고 있는 개념이다. 『주자어류』에서는 귀신에 대해 한 장을 할애하고 있는데, 처음에 '理'와 '氣'에 대한 이야기가 나온 다음에 3장에서 곧바로 귀신에 대한 이야기가 나온다. 그만큼 비중이 큰 내용이고, 서양의 초월철학에서 형상이니 신이니 이데아니 하는 것들이 차지하는 위상과 유사한 위상을 차지하는 것이 귀신이다. 신(神)은 상대적으로 좋은 뉘앙스를 띠고 있고, 귀(鬼)는 나쁜 뉘앙스를 띠고 있다. '鬼'의 상형문자는 여자가 머리를 막 풀어헤친 모양을 본뜬 것이다. 이 둘은 뉘앙스가 다르다고 할 수 있을 것이다.

영혼은 신체를 주재하는 존재로서 보다 영묘한 측면을 가리킨다. '靈妙'라는 말도 쓰고 또 다른 맥락에서는 '神妙'나 '玄妙'라는 말도 쓴다. '玄'이라는 말은 주로 도가철학 계통에서 쓰는 말이다. 그리고 영혼은 신체의 해체 이후에도 존속한다. 그러나 동북아 사유에서는 혼백, 귀신 모두 '氣'를 초월한 것들은 아니다. 따라서 신체와 혼백의 이분법, 혼과 백의 구분, 귀와 신의 구분 등이 얼핏 서구의 초월철학이나 이분법을 상기시킨다 해도, 전체적으로는 내재적 사유의 구도 내에서 논의되는 내용들이라는 사실을 잊어서는 곤란하다.

정신(精神)이라는 말 역시 중요하다. 정신의 신은 위에서 말한 귀신에서의 신이라는 뜻도 있지만, 보다 넓게는 인간의 인식 범위를 넘어갈 정도의 놀라운 방식으로 작용하는 양기(陽氣)를 뜻한다. 우리는 우리가 평소 알고 있던 일상적-과학적 법칙성을 벗어나는 현상을 보면 "야, 참 신기(神奇)하다"고 말한다. 원래 神이라는 말은 이런 뉘앙스를 띠고 있다. 그래서 『주역』의 「계사전」에서는 "陰陽不測之爲神"이라 했던 것이다. 모든 것은 음양의 조화에 의해 발생하는데, 그런 예상을 벗어나는 신기한 현상, 즉 음양을 파악하기 힘든 경우를 神이라고 했던 것이다.

혜강 최한기는 "無限功用之德……之日神"이라고 했다. 그리스의 'aretê' 개념은 '德'으로 번역되기는 하지만 그 안에 힘(영혼의 힘)이라는 뜻을 담고 있다. 마찬가지로 이 문장에서의 '德' 역시 도덕적 인품을 가리키는 것이 아니라 힘=역능(力能)을 가리킨다. 혜강은 바로 '無限功用之德'이라는 말로 神을 규정하고 있는 것이다. 공용(功用)이라는 말은 영어로 번역하면 'activity' 내지 'function'이라고 할 정도의 개념이다. 그 공용이 무한한 경우가 '神'이다. 사물들에는 일정한 방식의 공용이 있기 마련이다. 그래서 어느 정도 그 사물의 활동 방식, 기능이 있기 마련인데, 도무지 예측이 불허할 정도의 무한한 공용이 '神'이라는 것이다. 동북아의 '神'은 이런 뉘앙스를 띠고 있고, 서구의 'gods=dieux(또는 God)'가 '神들(또는 神)'로 번역된 것이 이 때문이라도 것을 알 수 있다.

이에 비해 '精'은 서구어의 'essence'에 해당한다. 이 경우에는 본질이라는 뜻의 'essence'가 아니라 정수(精髓)라는 뜻의

에센스이다. 화학적으로 복합적인 것들에서 알맹이만 뽑아 놓은 것이 바로 에센스이다. '精'이라는 말은 그런 의미에서 에센스의 뉘앙스와 통한다. 순수 에너지를 듬뿍 담고 있는 '氣'가 바로 정기(精氣)이다. 이것은 우리 몸의 신장에 있는 것인데, 흔히 생명의 근원으로 꼽히며, 그래서 『황제내경』에서도 신장이 우선적으로 언급된다. 정기는 때로 신기(神氣)와 대비되어서 사용되기도 하는데, 이때 정기는 농축된 음기이고, 신기는 몸을 돌아다니면서 작용하는 양기이다. 그래서 '精神' 개념은 한의학적 맥락에서도 중요하게 사용되었다. 『동의보감』에서는 인체를 '精, 氣, 神'으로 보았다. 그래서 정신이라는 말은 오늘날에는 서구어 'the mental'이나 'Geist' 'esprit' 등에 상응하는 개념이지만, 그 고층대의 의미로 거슬러 올라가면 자연철학적/한의학적 '精神'을 뜻했다고 볼 수 있다. 그리고 이 두 용법은 일정 부분 겹친다. 그래서 "정신이 말짱하다"는 말에는 두 가지 뉘앙스가 섞여 있다고 할 수 있다.

서구에서 'soul'이나 'spirit' 같은 말들은 일상어에서 자주 사용되지는 않는다. 만약 사용될 경우 이런 말들은 상당히 고풍스런 문학적인 뉘앙스를 띄게 된다. 우리의 경우도 마찬가지이다. 영혼, 정신이라는 말이 일상어에서 자주 쓰는 말은 아니다. 그런데 이 말들은 과거의 의미를 일정 정도 보존하면서도 그 뉘앙스를 달리 해서 쓰이고 있기도 하다. 즉, (보다 일반적인 말들인) 마음 가운데에서 '靈妙'한 부분, '神妙'한 부분을 뜻하기 위해서 사용된다. 예컨대 '예술혼(藝術魂)' '고귀한 영혼' '민족정신(民族精神)' 같은 표현들을 들 수 있다.

'정신'이라는 말은 옛날의 뉘앙스와 일상적인 뉘앙스가 함께 얽혀서 쓰이기도 한다. "정신 좀 차려라" "정신이 나갔다" "정신이 돌아왔다" "정신이 번쩍 난다" 같은 경우처럼, 의식을 살아 있게 만드는 무엇으로, 즉 한의학적 뉘앙스로 여전히 쓰이고 있다. 정신이 나간 것을 "기절(氣絶)했다"고 한다. '氣'가 끊어지면 정신이 나간다. 이런 표현들에는 한의학적 뉘앙스가 담뿍 담겨져 있다. 그런데 이와 대조적으로 어떤 경우에는 이것이 신체적 가치와 대립하는 뉘앙스로도 사용된다. '정신적 가치' 같은 말이 대표적이다. 영혼도 그렇고, 정신도 그렇고, 담론사적 두께가 두껍게 쌓여 있는 개념들이라는 것을 알 수 있다.

근대철학의 '마음' 혹은 '의식'

마음과 의식, 영혼 논의의 대체

서구 근대 철학에 오면 영혼, 정신 개념은 서서히 전경(前景)에서 물러가게 되고, 그 자리를 'mens(정신, 마음)' 'mind(마음)' 'Bewußtsein=consciousness=conscience(의식)' 같은 개념들이 대체하게 된다. 이제는 영혼, 정신에 대한 형이상학적 논의 대신 마음, 의식에 대한 인식론적 논의가 주요 흐름을 이루게 되는 것이다. 즉, 일정한 실체로서의 영혼/정신이 아니라 인식론적 능력/기능으로서의 마음, 의식이 문제가 된다. 이것은 서구 근대 철학이 형이상학보다는 인식론 중심으로 전개된 것과 밀접한 관련을 가진다. 영혼, 정신 개념으로부터 마음,

의식 개념으로의 이행인 것이다. '실체'로서, 더구나 때로는 초월적 실체로서의 영혼/정신이 아니라, 실제 현실에서 작동하고 있는 어떤 기능/능력으로서의 마음, 의식이 논의 대상이 된 것이다.

데카르트, 스피노자, 라이프니츠는 여전히 전통 형이상학의 연장선상에서 사유했다고 할 수 있다. 데카르트는 영혼(âme)과 물질을 날카롭게 구분했다. 데카르트, 스피노자, 라이프니츠에게 영혼이란 여전히 하나의 실체이다. 데카르트에서 영혼은 인간과 신을 이어주는 연결선이다. 또, 영혼의 본질을 감정이나 욕망이 아니라 '코기토'로 보았다는 점에서도 전통적이다(단, 조심할 것은 코기토 개념에는 감정이나 욕망의 작용도 일정 부분 들어가 있다는 사실이다. 이 개념을 "나는 생각한다"로 번역하고는 있지만, 사실 코기토는 넓은 의미에서의 '정신 활동'이라고 할 수 있다). 라이프니츠 철학 역시 비물질적인 모나드를 실체로 보고, 그것을 정신적 원리로 삼았다는 점에서 형상철학의 한 변형이라고 할 수 있다. 라이프니츠에게 영혼/모나드란 신이 구체적 개체를 만들기 전에 일단 만들어 보는 설계도인 것이다. 이들에게 영혼이란 여전히 형이상학적 실체이다. 그러나 데카르트의 경우 코기토의 개념에는 '나'의 사유라는 근대적 발상이 들어 있고, 또 라이프니츠의 경우 모나드 개념에 근대 수학(라이프니츠 자신이 그 창시자인 무한소미분)과 근대 물리학(라이프니츠의 유명한 '살아 있는 힘=vis viva')의 맥락이 깃들어 있다는 점에서, 이들의 영혼 개념이 이미 일정 부분 근대적 요소들을 도입하고 있는 것은 사실이다.

스피노자는 전통적인 초월철학을 내던지고 내재적 사유로 전환하는 결정적인 발걸음을 내디뎠다고 할 수 있다. 스피노자에게 실재는 유일무이한 실체, 즉 '神=自然'이다. 스피노자는 영혼이나 물질은 '神=自然'의 두 '속성들'이라고 본다. 그렇다고 실체와 속성이 외적으로 구분되는 것은 아니고, 실체의 여러 측면들이 곧 속성들이다. 스피노자는 일즉다(一卽多)의 논리를 구사하고 있다. 그래서 그의 '사유작용(cogitatio)' 역시 (인식론적 기능이 상당히 보강되었음에도) 여전히 실체이다. 실체 전체는 아니지만 어디까지나 실체의 한 측면인 것이다. 스피노자는 무한한 속성들을 이야기하는데, 그 무한한 속성들 가운데 우리가 알 수 있는 것은 사유-속성인 'cogitatio'와 연장-속성인 'extensio', 두 가지이다. 그래서 스피노자가 말한 'cogitatio'도 역시 영국 경험론이나 칸트에서와 같은 순수한 기능, 작용이 아니고 실체라고 해야 한다. 이미 근대 인식론적 요소들이 가미된 개념인 것이다.

본격적인 변화는 영국 경험론에서 시작된다. 영국 경험론은 'soul'이나 'spirit'가 아닌 보다 일상적인 'mind'를 가지고서 논의를 전개했으며, 마음을 어떤 실체로서 보기보다는 인식론적으로 전제되는 일종의 기능으로 보았고, 또 '본유 관념'을 거부함으로써 초월적 인식론 구도를 파기했다는 점에서 본격적인 근대를 열었다고 할 수 있다. 데카르트의 경우, 신이 인간의 영혼에 진리의 씨앗들(=본유 관념들)을 넣어주었고, 그

진리의 씨앗의 성격은 명료하고 분명하다고 보았다. 그리고 이 본유 관념들을 가지고서 세계를 인식하기에 '사유와 존재의 일치'가 보장되는 것이다. 그러나 로크는 본유 관념이라는 개념을 파기하고, 인식의 유일한 근거는 경험이라고 생각했다. 그 연장선상에서 칸트는 '의식'을 분석의 대상으로 삼았다고 할 수 있다. 칸트에게서는 영국 경험론에 비해 경험에서의 주체성의 역할이 강조된다. 영국 경험론에 있어 경험이란 사실상 '지각'에 거의 가까운 개념이고, 또 경험이 매우 수동적으로 이해된다. 이에 비해, 칸트는 경험에서의 주체의 역할을 강조함으로써 '구성하는 주체'라는 보다 근대적인 개념으로 나아갔다. 이제 영혼이라는 형이상학적 실체는 낡은 개념이 되고 어디까지나 인식 주체인 구체적 활동성이 논의 대상이 된 것이다.

그 후 헤겔, 딜타이, 현상학과 해석학, 베르그송, 제임스, 화이트헤드, 들뢰즈 등은 '경험'을 중시하는 입장을 이어받으면서도 그 '경험'의 지평을 지각으로 좁게 규정하는 데서 탈피해서 점차 그 지평을 넓혀간다. 물론 경험에 충실해야 할 필요는 있지만, 영국 경험론이나 칸트처럼 경험을 너무 좁게 규정하면 사유의 지평이 닫혀버리게 된다. 경험이란 사물에 대한 지각이 아니라, 사회-역사적인 것이고, 또 기구들과 관련되며(현미경 등), 때로 시적 경험, 종교적 경험 같은 것들도 있다. 나아가 경험의 지평을 넓혀갈 수 있는 잠재력 자체가 바로 인간의 두드러진 특징인 것이다. 그래서 열린 경험론, 성숙한 경험론이 필요하다. 어쨌든 이후 의식이라는 개념이 중요한 인식론적-심리학적 개념으로 부각된다.

아울러 영혼, 정신, 마음, 의식에 눌려 늘 보조적인 역할을 해왔던 신체의 위상이 점차 부각되는 점도 한 특징이라고 할 수 있다. 인간은 설사 추상적으로 생각한다 해도 영혼과 신체의 결합체인데, 초월철학에서 육체는 지극히 낮은 위상을 부여받았던 것이다. 사실 인식이란 인간 전체가 하는 것이고, 사회적인 협동 작업들을 통해서 하는 것이며, 기구들과 연관되는 것이고, 언어의 변화를 비롯한 역사적 변화와 맞물려 진행되는 것이다. 그러나 근대 인식론은 인식을 자꾸 '의식'이라는 추상적인 존재에만 그 초점을 맞추어 논의했던 것이다. 그 후의 인식론들에서는 점차 그런 점이 지양되고, 신체를 비롯한 다른 여러 맥락들이 종합적으로 논의되는 길을 밟아가게 된다.

'심(心)' : 몸과 마음의 불가분리성

마음이나 의식에 해당하는 한자어는 '心'이다. 그러나 심은 정신적 차원만을 가리키는 말이 아니다. 흔히 동북아 사유는 데카르트적인 이원론이 아니라는 말을 자주 하는데, 그 좋은 근거가 '心'이라는 말이다. '心'은 한편으로는 심장(또는 심장계)이라는 기관(또는 한의학적 의미에서의 臟腑의 하나)을 가리키며, 또 한편으로는 마음(또는 현대적 의미에서의 정신)이라는 의미를 동시에 가진다. 서구어에서는 'heart'라는 말이 이런 이중성을 갖고 있다. '心身'이라는 말에서처럼 '心'과 '身'이 구분되기도 하지만, 심이라는 개념 자체가 몸과 마음의 불가분리성을 잘 나타낸다. 서구의 근대 철학이 마음, 의식의 철학이듯이 동북아 사상은 예부터 이 '心'에 대한 논의를 많이 해왔다.

사상가와 학파에 따라 '心'에 대한 규정은 다양하게 나타나지만, 평균적으로 말해 심의 두 차원은 '性'과 '情'이다. 어떤 사람의 정신적 특성을 가리킬 때 바로 이 '性情'이라는 말을 많이 썼다. '性'이라고 하는 것은 앞에 '理'를 붙이면 '理性'이다. '情'이라는 말은 앞에 '感'자를 붙이면 '感情'이다.

이미 맹자와 고자의 논쟁이 있었거니와, 성을 형이하학적으로 파악하는 입장도 있고, 형이상학적 이성을 아예 부정하는 입장도 있다. 인간의 '性'이란 곧 식색(食色)이라는 것이 그것이다. 그러나 대개는 '性'과 '情'을 인정하고 그 사이의 관계를 탐구했다. 한국철학사에서 등장하는 사단칠정론(四端七情論)이 대표적이다. 사단(四端)은 네 개의 '性', 즉 인의예지(仁義禮智)이고, 칠정(七情)은 희로애락애오욕(喜怒哀樂愛惡慾) — 사람에 따라서는 '慾' 대신에 '懼(구)'를 들기도 한다 — 이다. 위의 네 가지 이성과 일곱 가지 감정을 따지는 것이 바로 인성론(人性論)이다.

성리학에서 성은 심의 형이상학적 측면이라고 할 수 있다. 그에 비해 정은 형이하학적 측면으로서 칠정이라는 감정을 나타낸다. 이성과 감정이라는 큰 구분은 대체적으로 서구와 일치해서, 공히 인간을 이성과 감정으로 본다. 차이가 있다면 서구 근대 철학에서는 마음과 의식에 대한 논의가 대개 인식론(認識論)으로서 발달한 데 비해, 동북아에서는 줄곧 형이상학적-윤리학적으로 발달했다는 사실이다. 즉, 동북아에서는 '仁義禮智'가 함께 다루어진 데 비해 서구에서는 '仁義禮'와 '智'가 구분되었고, 특히 '智'에 상대적으로 큰 비중을 두었다. 물론 현대에 와서는 이렇게 간단하게 구분할 수 없다.

18세기 말~19세기 초에 활동했던 멘느 드 비랑 이후 이른바 '반성철학'이 전개되면서 이제 주체라는 것을 인식론적으로만 보기보다는, 또 이성주의적으로만 보기보다는 (현대식의 표현을 써서) '실존(實存)'으로서 보기 시작한다. 인간은 자기 스스로 반성하고 자기의 실존적 측면을 탐구하게 되었다. 19세기에 과학이 극도로 발달한 결과, 이제는 인간도 과학적 방식－측정하고 분석하는 방식－으로 보게 된다. 그러나 반성철학 계열은 이처럼 인간을 객관화·사물화해서 보는 것을 거부하고, 인간을 인간 고유의 측면에서 바라보려 한다. 그 후에 현상학(現象學)이라는 방법론이 후설에 의해 제시되었고, 그래서 반성철학의 흐름은 현상학적 방법을 쓰게 된다. 이로써 주체는 단지 이성적이고 인식론적인 주체에 그치지 않고 실존적 삶을 살아가는 매우 구체적이고 생동감 있는 주체로 화하게 된다. 그것이 바로 실존주의가 말하는 주체이다. 이렇게 해서 영혼은 이제 주체에게 자리를 내주게 된다.

현대의 과학적 인간 이해

근대 이후의 사상들은 영혼/정신을 신체와 구분되는, 나아가 신체에 대해 초월적인 어떤 실체로 보는 생각을 버리고, 마음/의식의 '주체성'에 그 초점을 맞추었다. 다시 말해서 영혼이나 정신을 자연철학적으로 파악하는 대신 의식이나 마음을 인식론 또는 반성철학적으로 파악하는 전통을 세우게 된다. 그러면서 이전에 신 같은 존재에게 붙었던 '초월성'이라는 말이 이제 의식/주체성에 붙게 된다. 이것은 의식/주체성을 사물화할 수 없다는 생각에서 나온 표현이다. 따라서 마음이나 의식을 대상화하고 분석하는 것은 그릇된 사유로 치부되었다. 근대의 철학이 주체의 철학이라고도 할 수 있는 이유가 여기에 있다.

그러나 최근에 이르러 다시 한번 사상사의 새로운 문턱이 도래한 듯이 보인다. 오히려 현대로 오면서 거꾸로 인간의 인식작용이나 감정이나 내면까지도 자연철학적으로 파악하려는 경향이 부활하고 있다고도 말할 수 있다. 사실 이런 경향은 19세기에 이미 나타났으며, 이에 대한 반동으로 후설의 현상학이나, 베르그송의 형이상학, 윌리엄 제임스, 니시다 기타로 같은 사람들의 내적 체험에 대한 사유 등이 나왔다고 할 수 있다(이 네 사람의 사유는 동시대에 대한 매우 유사한 이해에 근거하고 있고, 사유의 전개 양식도 상당히 근접한다). 그러나 최근에 이르러 다시 새로운 시대가 도래한 것이다. 말하자면 반(反)과학적 인간 이해로부터 과학적 인간 이해로 다시 돌아선 것이다.

이런 변화의 배경에는 20세기 후반에 이루어진 생명과학의 놀라운 발전이 있다. 분자생물학, 인공지능, 사이버네틱스, 뇌(腦) 이론, 컴퓨터 과학, 신경생리학, 정보이론, 디지털 기술, 로봇공학, 인지과학 등 다채로운 지식들이 눈이 부실 정도로 증폭된 것이다. 어쩌면 지난 반세기 동안 과학이 이룩한 발달은 그전까지 인류가 이룩한 과학 발달을 전부 합친 것보다 더 클지 모르겠다. 물론 이런 과학들이 충분히 성숙하지는 않았다. 그러나 이 과학들이 새롭게 열어젖힌 지평들은 중요한 의미를 띤다. 이제 인간의 몸과 마음을 둘러싼 인성론적-인식론적 논의가 이런 담론들을 충분히 섭취하지 않으면 그것은 구시대의 유물로 전락할 것이다. "인간은 대상화할 수 없다" "인간은 주체이다" "인간은 자유롭다" 같은 말들만 자꾸 뇌까

리면서 노도처럼 흘러가고 있는 담론사에 무지하다면, 철학은 점점 낙오자가 될 수밖에 없는 것이다.

그러나 과학이 철학적 문제를 해결해 주지는 않는다. 과학은 과학이고, 철학은 철학이다. 철학자들이 사유하는 주제들에 과학이 큰 도움을 주지만 과학적 지식으로부터 철학적 사유가 직접적으로 연역되는 것은 아니다. 그렇게 하려 하는 시도들도 많지만 대부분 조잡한 사유들에 그쳤다. 철학이 사유하는 주제들은 과학적 지식들과는 전혀 다른 성격을 띠고 있기 때문이다. 그래서 방금 말한 담론사적 성과들을 흡수하는 것 못지않게, 철학의 고유한 문제들을 파고 들어가는 것 또한 중요하다. 때문에 근대적 주체철학들이 파헤쳐 놓은 사유들은 파기되어서는 안 되며, 그 연장선상에서 사유할 필요가 있다. 그러나 오늘날 인간에 대한 사유가 반성철학으로 되돌아가야 하는 것은 아니다. 현실을 거부하고서 되돌아가야 하는 것이 아니라 현실을 소화하고서 다시 재음미되어야 하는 것이다. 둘은 전혀 다른 것이다.

한편 철학의 고유한 측면이 구체적으로 무엇인지 자체도 과학들과의 연관 속에서 밝혀진다. 우리는 철학의 고유한 문제가 무엇인지에 대해서 일반적으로는 알고 있다. 세계의 종합적 이해, 근본 개념들의 검토, 인간의 실존과 윤리, 사회 정의 등이 그런 문제들이다. 그렇지만 이런 문제들의 구체적 형태는 역사 속에서 바뀌어 간다. 진화론이 나온 이전의 인성론과 이후의 인성론이 같을 수 없고, 자본주의의 성립 이전의 사회철학과 이후의 사회철학이 같을 수 없다. 철학의 고유한 문제들이 구체적으로 무엇인가 자체가 항상 구체적인 역사의 맥락 속에서 성립하는 것이다. 오늘날에 사유하는 사람이 20세기 후반의 담론사적 성과에 무지하면 곤란한 것은 이 때문이다. 인간에 관련해 앞으로 나올 뛰어난 철학이 있다면, 그것은 방금 말한 현대 과학들의 성과를 충분히 소화하고 있으면서도 동시에 철학사에서 이어져 온 고유한 철학적 고뇌를 그 안에 담고 있는 그런 사유가 될 것이다.

바로 이런 배경 하에서 매우 낡은 개념이었던 영혼이라는 개념을 새롭게 음미해 볼 필요가 있지 않을까? 아리스토텔레스에 따르면, 영혼이란 바로 신체를 조직해 주는 것이다. 내가 책상과 다른 것은, 즉 이성과 감정 등을 가지고 있는 것은 영혼을 가지고 있기 때문이다. 이 점에서 영혼은 일차적으로는 생명철학적 개념이다. 영혼 개념이 오늘날 새로운 뉘앙스를 띠고서 다시 논의해 볼 만한 개념이 된 것은 이 때문이다. 과거에 영혼이나 정신이라고 불렸던 존재－본래 생물학·의학 등과 결부되어 있었으나 근대에 와서 이런 맥락과 절연(絶緣)되어버린 존재－가 생명과학과 생명철학의 부활과 더불어 다시 소생하고 있는 것이다. 그런데 아리스토텔레스 영혼론의 매력은 이런 맥락과 더불어 인간 고유의 맥락까지 함께 품고 있다는 점이라는 말을 했다. 방금 이야기했듯이 자연과학적 토대와 인문학적 고유성을 함께 함축하고 있는 것이 아리스토텔레스 영혼론이다. 그렇기 때문에 우리는 그것을 재검토해 볼 필요가 있다. 현대 심신론은 전반적으로 유물론적인 방향으로 가고 있지만, 인문학적 내용이 보완되어야 할 필요가 있는 것이다.

어쨌든 오늘날은 인간의 개념이 전면적으로 바뀌고 있는 시대이며, 그 어느 시대보다도 종합적인 안목이 필요한 시대이다. 새로운 뉘앙스를 띠고서 부활한 영혼 개념, 전통 한의학에서의 정신 개념, 근대 주체철학이 전개한 의식/주체, 전통 인성론에서 논의했던 성정(性情) 등을 포괄적으로 아울러 인간에 대한 보다 종합적이고 입체적인 사유를 전개하는 것이 21세기 사유의 과제이다.

제2부 영혼의 능력들

영혼의 본성

제1부에서 우리가 영혼이라고 하는 존재 자체에 대해서 이야기했다면, 제2부에서는 영혼을 채우고 있는 내용들에 대해서 논해 보기로 하자. 이것은 전통적으로 인성론(人性論)이라고 불린 분야이다. 그러나 동북아에서는 흔히 인성론이라고 칭하지만, 서양에서는 딱히 하나의 단어가 있는 것은 아니다. 19세기 이후에는 이것이 이른바 '반성철학'이라는 범주로 이야기되어 왔는데, 왜 이렇게 불렸느냐를 생각해 볼 필요가 있다. 'reflexive'라는 말은 구부리는 것을 뜻한다. 여기에서 구부린다는 것은 바깥의 대상에 대한 시선/관심을 구부려서 자기 자신을 들여다보는 것, 자기 자신의 삶을 반추(反芻)해 보는 것을 뜻한다. 그래서 반성철학이다. 물론 동북아에서 쓰는 인

성론이라는 개념과 반성철학이 정확히 일치하지는 않는다. 또, 영국 경험론에서 인성론이라는 말을 쓸 때에도 이 두 가지가 정확히 일치하지는 않는다. 이하의 논의에서 인성에 대한 모든 논의를 할 수는 없고, 주로 영혼의 능력들, 특히 인식론적 맥락에서의 능력들에 초점을 맞추려 한다.

인간의 본성

인간은 영혼/정신을 가진 존재로서 생명체로서만이 아니라 그 이상의 존재로서 삶을 영위한다. 이런 맥락에서 제기되었던 하나의 중요한 주제는 영혼의 본성이라는 주제였다. 영혼의 본성이란 또 다른 말로 하면 영혼의 능력들이라고 할 수 있다. 영혼이란 생명체로 하여금 살아 있게 만드는 것, 활동할 수 있게 하는 것, 지각할 수 있게 하는 것 등인데, 바로 이런 능력들에 대한 고찰이 지금의 주제라고 할 수 있다. 그래서 인간의 본성이 문제가 된다.

'nature'라는 말은 두 가지 뜻을 가진다. 하나는 '자연'이라는 뜻이고, 또 하나는 '본성'이란 뜻이다. 인간이 자연적으로 가지게 되는 특성, 인간이 인위적으로 조작해낸 무엇이 아니라 자연으로부터 부여받은 것, 그것이 본성이다. 우리가 탐구하는 것은 바로 인간의 본성이다.

조선 시대 성리학에서 특히 많이 썼던 말로 '본연(本然)'이라는 말이 있다. 이것은 본성이라는 말보다 당위(當爲)의 뉘앙스가 더 강하다. 지금도 "네 본연의 모습을 찾아라" 같은 표현에 이 말이 남아 있다. 이것은 본래는 대단히 묵직한 말이며, 그야말로 성리학적 사유를 하나로 응축하고 있는 개념이라고 할 수 있다. 이 책에서는 본연에 관한 논의까지는 나아가지 않을 것이고, 다만 본성에 관련해서 특히 기초적인 문제들만을 다룰 것이다.

철학에서 가장 중요한 문제들 중 하나가 자연 또는 본성과 작위(作爲)의 문제이다. 인간은 자연과 연속적이면서도 불연속적이다. 먹어야 하고, 자야 하고, 생식을 통해 자식을 낳고, 죽어야 하고……, 이 모든 점에서 자연과 연속적이지만, 또한 도시를 건설하고, 언어를 구사하고, 각종 형태의 문화를 창조하고……, 이 모든 점에서 자연과 불연속적이다. 이로부터 자연과 인간의 동이(同異)를 둘러싼 각종 담론들이 등장하게 된다. 이것은 바로 본성과 작위의 문제라고 할 수 있다. 지금도 생물학적인 결정론을 주장하는 사람들은 문화의 모든 것을 자연으로부터 설명하려고 한다. 그러나 인간을 사회적 동물로 보는 사람들은 이렇게 보는 것을 일종의 이데올로기로 간주한다. 인간의 삶은 어디까지나 사회적으로 이해해야 하는데, 생물학적 결정론은 사회적 차원을 은폐해버린다는 것이다. 그들은 우리가 자연이라고 말하는 것조차도 상당 부분 사회적인 것이라고 말한다.

자연, 본성은 주어진 것이다. 그에 비해 작위는 인간이 만들어 가는 것이다. 주어진 것과 만들어 가는 것, 우리의 삶에서 전자에 해당하는 것은 어떤 것이고 후자에 해당하는 것은 어떤 것인지를 섬세하게 파악하는 일이 결국 "인간이란 어떤 존재인가?" "어떻게 살아야 하는가?"라는 근원적 물음을 추구하는 데 초석이 된다고 할 수 있다. 어쨌든 여기에서는 인간 본성이라는 개념을 영혼의 능력들이라는 측면에서 이야기해 보자.

영혼의 능력이라는 개념과 정신의 능력이라는 개념에는 뉘앙스의 차이가 있다. 앞에서 이야기했지만, 영혼이라는 말에는 생명이라는 자연철학적인 개념이 묻어 있다. 정신이라는 말에는, 적어도 인성론적인 맥락에서는, 주로 정신 자체의 독립성(즉, 신체와의 변별성)이 전제되기 때문이다. '정신적 능력'이라는 말은 이미 그 말 자체가 '신체적 능력'이라는 말과 대비되어 사용된다. 정신이라는 말을 쓸 때는 신체적, 생물학적 차원과 대비되는 인간 고유의 차원이라고 하는 뉘앙스가 강하지만, 영혼이라고 하는 말은 인간 고유의 그 무엇을 가리킨다기보다는 살아 있는 존재에 공통되는 생명을 가리킨다. 거기에 '이성적'이라는 변별적 수식어가 붙어 '이성적 영혼'이라고 해야 인간의 영혼임이 분명해진다. 이런 점에서 볼 때 동물에 대해서, 나아가 식물에 대해서까지도, 그들이 영혼의 능력을 가지고 있다고 할 수는 있지만, 이 존재들이 '정신적 능력'을 가지고 있다고 말하는 것은 좀 어색하다. 결국 인간에게서 정신적 능력을 논하는 것보다는 영혼의 능력을 논하는 것이 보다 광범위한 외연을 가지고 있다고 해야 할 것이다.

영혼의 능력에 대한 논의는 신체를 전제한다. 물론 정신적 능력도 신체가 없이는 구현될 수 없겠지만, 특히 영혼이라는 것은 신체가 없으면 허깨비 같은 것이 된다. 그래서 영혼과 신체의 관계가 늘 문제가 된다. 영혼의 능력에 대한 논의는 신체를 보다 중요하게 전제하는 생물학적인 맥락으로부터 인간에게만 가능한 고도의 능력에 이르기까지, 다양한 능력들이 포함된다. 인간이 영혼의 능력들을 논하기 위해 만들어낸 말들은 대단히 많고, 또 복잡하다. 그 말들은 모두 뉘앙스가 미묘하고 사람마다 사용하는 방식에 차이가 있다. 객관적인 대상은 비교적 오해의 소지가 많지 않지만, 인간이 자기 자신을 묘사하는 것은 매우 미묘하고 복잡하기 때문이다. 세부 사항들이 아니라 굵직한 상위항들만 언뜻 생각해 봐도 감각, 지각, 기억, 상상, 욕망, 감정, 용기, 신념, 판단, 이해, 추측, 의지, 추론, 직관, 지혜 등 대단히 많다. 게다가 다시 감정이라는 것의 하위항들에는 두려움, 기쁨, 슬픔을 비롯해 다양하기 이를 데 없는 것들이 포함된다. 예컨대 스피노자의 『에티카』 3부 전체가 감정에 할당되어 있을 정도이다.

감각, 지각, 기억, 상상 같은 것들은 인성론의 개념이기도 하지만 또한 인식론의 개념들이기도 하다. 인간의 인식을 이야기할 때 우리는 감각, 지각, 기억, 상상, 판단, 추론, 직관 등을 이야기한다. 그리고 욕망, 감정, 용기, 신념, 의지, 지혜 등은 윤리학적인 개념이기도 하다. 그래서 인성론은 인식론과 겹치기도 하고 윤리학과 겹치기도 한다. 인간이라는 존재가 바로 인식 능력을 갖춘 존재이기도 하고, 동시에 윤리적 존재이기 때문이다. 전통 철학에서는 인식론, 인성론, 윤리학 등이 모두 보다 넓은 형이상학적-존재론적 구도에서 포괄되어 논의되었다. 그러나 근대 이후 철학조차도 분과화가 되면서 이런 분야들은 갈라지게 된다. 고·중세의 철학이 정교성은 떨어지지만 차라리 철학적 맛은 더 뛰어난 점이 있는 것은 이 때문이다. 나누어서 하면 각각은 정교해지지만 뭔가 전체를 굽어보는 시야는 상실된다. 더구나 철학이 (현대적 의미에서의) 철학과 세세한 개별 과학들로 갈라진 오늘날에는 더욱 그렇다.

감성과 이성

인식론적인 맥락에서 인성을 크게 대별할 때는 흔히 감성과 이성으로 나눈다. '感性'은 '感'이라는 말에서 알 수 있듯이 대상과의 직접적=신체적 접촉을 통해 이른바 '감각 자료들'을 얻어내는 능력이다. 예컨대 나무를 보고 녹색이라는 색깔을 지각하는 능력이다. 이에 비해 '理性'은, '理'라는 말에서 알 수 있듯이, 순수 정신적 차원을 가리킨다. 수학적 추론을 할 수 있고, 논리적 사유를 할 수 있는 것이 인간이다. 이성은 인간만이 가지고 있는 차원이고, 감성은 동물과 인간의 공통된 부분이다. 인식은 감성과 이성이 힘을 합해 이루어진다. 그래서 전통적으로 인식론은 감성과 이성을 둘러싸고 논의되었다. 물론 앞에서 이야기했지만, 지금은 인식론의 성격이 달라졌다.

한편 윤리학적 맥락에서, 삶의 맥락에서 인성을 대별할 때는 이성과 감정으로 나뉜다. 스피노자의 『에티카』 2부, 3부도 대체적으로 이 양자에 할당되어 있고, 조선 철학사를 수놓은 '四端七情論' 또한 이성과 감정의 문제이다. 그래서 때로 감성과 이성이, 때로 감정과 이성이 대별된다. 그런데 일상생활에서는 때로 감정의 뜻으로 감성을 쓰기도 한다. "감성이 풍부하다" 같은 표현이 그 예이다. 그러나 철학에서의 감성 개념은 인식론적 개념으로 사용된다.

인성의 기본 구도

감(感)과 파토스(pathos)

이제 본격적인 이야기로 들어가서 인간 영혼의 능력들을 하나하나 살펴보자. 영혼을 가지고 있는 존재는 살아 있는 존재이며, 살아 있는 한에서 '感'의 능력을 가진다고 할 수 있다. 뭔가를 보고 알아차리고, 소리를 듣고, 추워하기도 하고, 또 더워하기도 하고, 아파하기도 하고 기뻐하기도 하는 이 모든 것들이 다 '感'의 작용이다. 살아 있는 존재들은 다 이 '感'을 가지고 있다. 예컨대 꽃을 꺾거나 동물을 때릴 때도 그 안에 이미 '아픔'이라는 것이 포함되어 있다. 살아 있다는 것을 규정하는 데는 여러 가지 방식이 있지만, 인성론적인 맥락에서 말할 때에 그것은 바로 '感'이 작용한다는 것을 뜻한다.

그리스어에서 '感'에 해당하는 말은 'pathos'이다. 이 말에는 몇 가지 뜻이 있다. 그 중에서 우선 이 말은 '수동'이라는 의미를 가진다. 오늘날의 '능동(action)'에 대립하는 'passion'에 해당한다. 이런 맥락에서 파토스는 또한 '겪음'이라고도 할 수 있다. 바람이 불어서 이 책상이 그 바람을 맞을 때, 우리는 이 책상이 바람을 '겪는다'고는 하지 않는다. 물론 은유적으로는 그렇게 말할 수 있다. '겪는다'라는 것은 그 겪는 존재가 살아 있다는 것을 전제한다. 살아 있는 존재이기 때문에 늘 무엇인가를 겪는 것이다. 그것이 '感'이고, 또 파토스이다. '感'과 파토스의 일차적인 의미는 바로 '겪을 수' 있다는 것이다.

영혼을 가진 존재들, 특히 동물들은 운동한다. 그런데 식물 같은 경우는 좀 모호하다. 식물도 분명 살아 있지만 식물이 어떤 일을 '겪는다'는 표현은 왠지 어색하다. 써서 어울릴 것 같기도 하고 안 어울릴 것 같기도 한 미묘한 개념이다. 예컨대 장미가 바람에 흔들린다. 그럴 때 과연 장미가 바람을 '겪는다'고 말할 수 있을까? 누군가가 꽃을 꺾을 때, 꽃이 아픔을 겪을까? 아니면 사람이 자기 감정을 투영하는 것뿐일까. 어떤 말의 적용 범위—그 개념의 의미론적 장—를 어디까지 잡느냐는 각자의 언어 감각에 따라 다르다. 시적 감정을 가진 사람은 꽃이 아프다고 생각할 터이지만, 과학적 이성을 가진 사람이라면 그야말로 난센스라고 할 것이다. 사람마다 언어 감각이 참으로 다르고, 그래서 소통이 어려울 때가 많다. 그러나 어쨌든 식물적 영혼이라는 개념을 받아들인다면, 극히 미약하게나마 식물에도 겪음이 존재한다고 해야 할 것이다.

운동한다는 것은 신체적으로 접촉한다는 것이다. 새가 하늘을 나는 것이든, 두더지가 땅을 파는 것이든, 물고기가 헤엄을 치는 것이든, 포유류가 뛰는 것이든 간에 운동한다는 것은 타자와 접촉하는 것이다. 동물들은 먹지 않으면 죽는다. 먹는다는 것 자체가 이미 타자와 접촉하는 것이다. 보다 은유적으로 사유하면, 식물도 먹는다. 이산화탄소도 먹고, 물도 먹고, 태양에너지도 먹기에 말이다. 어쨌든 먹지 않으면 죽는다는 것을 철학적으로 표현하면 어떤 존재이든 타자와 관계를 맺지 않을 수 없다는 것이다. 타자와 신체적으로(인간의 경우는 정신적으로도) 접촉하지 않고 사는 것은 불가능하다는 말이다. 여기에서 '접촉'을 너무 촉각적으로 생각할 필요는 없다. 멀리 산을 보면서 그 산을 지각하는 것도 넓은 의미에서 타자와 접촉하는 것이다.

이렇게 운동하고, 또 타자와 접촉하면서, 그 접촉의 주체들은 변양(變樣)된다. 일상어로 잘 쓰이지는 않지만 '변양된다'는 것은 철학적으로 매우 중요한 표현이다. 인성론적 사유를 전개할 때 가장 기본적인 개념들 중 하나이다. 변양된다는 것은 양태(樣態)가 변한다는 것이다. 양태라는 말은 상태, 성질 같은 개념들과도 통한다. 양태라는 말은 규정하기가 상당히 까다로운 개념인데, 풀어서 말한다면 어떤 존재가 처해-있는-방식이다. 생명체가 살아 있다는 것은 항상 어떤 상황에 처해 있는 것이다. 난로 옆에 앉으면 내 몸이 더워진다. 내 몸의 양태가 변한 것이다. 또, 찬 것을 만지면 손이 아리다. 역시 내 손의 양태가 변한 것이다. 내가 고개를 돌리면 내 눈에 비치는 상(像)들이 달라진다. 이것 역시 양태가 변하는 것이다. 내 귀에 어떤 소리가 들어오는 것 역시 양태가 변하는 것이다. 결국 살아 있다는 것은 운동을 통해 타자들과 끝없이 접촉한다는 것이고, 그것은 다름 아니라 끊임없이 무엇인가를 겪는 것이다. 그리고 그런 겪음들을 통해서 그 겪음의 주체들이 끝없이 변양되어 가는 것이다. 이것이 무엇인가가 '살아 있다'는 말의 가장 원초적인 의미이다.

양태는 서구어 'mode'에 해당하고, 양태가 변하는 것은 'modification'이다. 기계의 '모드'라는 개념이 이를 잘 보여준다. 예컨대 냉풍기 '모드'로 하면 찬 바람이 나오고, 온풍기 '모드'로 하면 뜨거운 바람이 나온다. 이런 것이 모드의 개념이다. 분명히 한 사물이지만 그 한 사물의 '태(態)'가 바뀌는 것이다. 똑같은 행위가 '능동태'로 표현될 수도 있고 '수동태'로 표현될 수도 있다. 이렇게 하나의 실체가 여러 양태들로 스스로를 표현한다고 할 수 있고(편의상 기계의 예를 들었으나, 기계의 경우와 생명체의 경우는 다르다. 생명체는 스스로를 다양한 양태들로 표현할 수 있다), 그래서 그것을 'modification'이라 부른다. 이 말은 일상어에서는 '수정'이라는 뜻으로 쓰이지만 철학적 사유에서는 바로 이렇게 '변양'을 뜻한다.

이 말과 통하는 말로는 'affect'라는 말이 있다. 우리는 일상어에서 'affect'라는 말을 주로 동사로서 쓴다. 무엇인가에 영향을 끼친다는 것이며, 심리적으로는 감동(感動)을 준다는 것을 뜻한다. 즉, 마음을 움직인다는 뜻이다. 그러나 철학적 맥락에서는 주로 명사로 쓰인다. 양태에 대응하는 말이 'affect'이다. 양태라는 말이 주로 외적 측면을 말한다면, 'affect'라는 말은 주로 내적 측면을 이야기한다. 그러니까 찬 물을 마시면 내 몸의 양태가 바뀌지만, 아름다운 음악을 들으면 내 'affect'가 바뀌는 것이다. 물론 스피노자의 철학을 염두에 둔다면 둘은 항상 함께 움직인다. 찬 물을 마실 때 물론 내 몸의 양태도 바뀌지만, "아, 차가워"라는 내 마음의 양태(즉, 'affect')도 함께 바뀌는 것이다. 그래서 'affect'라는 말은 우리말의 감정(感情)에 비교적 가까운 말이다. 그러면 'modification'에 대응하는 말은 무엇일까? 바로 'affection'이 되겠다. 일본 사람들은 이 말을 '정동(情動)'이라고 부른다. 또, 음악을 들을 때 등에 사용하는 '감동(感動)'이라는 말도 바로 이런 철학적 토대를 가지고 있는 말이다. 음악을 들으면 내 마음의 감정이 바뀌고, 그것이 바로 '感動'이다. '변양'과 운을 맞춰 번역하면 '변감(變感)' '변정(變情)'이라고도 할 수 있겠으나, 안 쓰는 표현이라서 좀 어색하다. 또, '감응(感應)'이라는 번역이도 가능하지만, 어떤 변화에 따라 감정이 응하는 것이니 '정동'이나 '감응'이 좋을 듯하다. 이 '변양'과 '정동/감응'을 중요 용어로 사용한 인물은 스피노자이다. 『에티카』를 읽을 때 꼭 알아야 할 개념쌍이다.

'파토스'라는 말의 또 하나의 의미는 내적인 겪음, 즉 감정 변화이다. 그래서 내적인 겪음만을 따로 뜻할 때 '파토스'라는 말을 쓰기도 한다. "저 사람은 파토스가 좀 강해"라고 할 때, 저 사람은 타자와의 접촉을 통해서 감정이 변화하는 폭이 좀 크다는 뜻이다. 정(情)－전통 철학으로 말하면 칠정(七情)－의 움직임이 좀 크다는 것이다. 조심할 것은 영혼의 내적 변양(＝정동/감응)이 꼭 감정에만 있는 것은 아니라는 사실이다. 생각도 내적 변양이다. 우리가 생각한다는 것은 다름 아닌 우리 영혼을 채우고 있는 관념들이 계속 변양되는 것이다. 이것은 고전적인 인식론에서 중요한 문제인데, 우리는 지금 맥락상 인성론적인 이야기를 하고 있기 때문에 감정에 중점을 두고 논의를 전개하는 것이다.

감정의 변화는 또한 기분(氣分)의 변화와도 통한다. 인간이 어떤 식으로든 늘 특정한 상황에 처해-있어야 한다는 것은 곧 인간이 늘 특정한 분위기(雰圍氣) 속에서 살아간다는 것을 뜻한다. 물론 각각의 사람이 그 분위기를 똑같이 수동적으로 받아들이는 것은 아니고, 각자가 타고난 기질(氣質)에 따라 그것을 달리 받아들인다. 어떤 사람은 시끌벅적한 도심의 분위기를 좋아해서 시골에 가면 심심해 견디지 못하지만, 어떤 사람은 전원적 분위기를 좋아해 복작대는 도심에서는 정신을 잃어버린다. 분위기와 기질 사이에서 기분은 계속 변하고, 그것은 바로 변양 및 정동/감응과도 관련된다는 것을 쉽게 알 수 있다. 우리는 살아 있는 이상 끝없이 변양되고, 또 감정의 변화를 겪는다. 그것을 달리 표현하면 '인간은 살아 있는 한 계속 기분의 변화를 겪는다'라는 말이 된다.

이상 논한 것이 인성의 기본 구도라고 할 수 있다. 인간의 삶이란 방금 말한 구도를 원초적인 조건으로 한다고 할 수 있다. 이제 영혼의 능력들을 하나하나씩 점검해 보자.

영혼의 능력들

감각 혹은 지각

영혼의 능력들 중 가장 기본적인 양태는 감각 내지 지각이라고 할 수 있다. 감각(感覺)은 신체가 다른 신체들(넓은 의미)과 접촉해 변양되는 것을 뜻한다. 무엇인가를 보면 그 색이 우리 감각을 변양시키고, 또 무엇인가를 맛보면 그 맛이 우리 감각을 변양시킨다. 지각(知覺)은, '感'과 '知'의 차이에서 간파할 수 있듯이, 그런 변양을 통해서 영혼이 무엇인가를 알게 되는(매우 초보적인 앎) 과정을 뜻한다. 즉, 감각은 감정에 보다 밀접한 관련을 가지고, 지각은 이성에 보다 밀접한 관련을 가진다고도 할 수 있겠다. 감각보다는 지각이 보다 고차원적 개념인데, 감각은 신체적 변양만을 가리키지만(물론 감각을 통한 우리의 감정 변화, 기분 변화도 어느 정도 함축한다), 지각은 신체의 변양이 영혼의 변양으로 넘어가 인식의 자료(資料)로 화한다는 뜻이 함축되어 있다.

그리스 철학에서는 감각과 지각이 구분되지 않았으며, 감각(작용)으로 번역되는 'aisthêsis'만이 존재했다. 이것은 사유의 작용을 뜻하는 'noêsis'와 대조되는 개념이며, 오늘날의 'aesthetics(감성론, 미학)' 'aesthophysiology(감각생리학)' 'athelete(운동선수)' 같은 말들에 그 흔적이 남아 있다. 감각과 지각은 신체의 변양에 결부되어 있어서, 신체 없이는 이루어질 수 없다. '感覺'에서의 '覺'이라는 말은 깨우는 것이다. 사물을 접하면 사물의 모양, 색 등이 내 눈길을 깨우고, 소리가 내 귀를 깨우고, 맛·냄새·촉감은 내 입과 코와 피부를 깨운다. 감각은 신체가 다른 신체들과 접촉해 변양되는 것을 뜻하는 것이다. 여기에서 신체란 넓은 의미로 인간 신체만이 아닌 물체 일반을 뜻한다. 물체라고 하면 너무 물리적인 느낌이 드니까 그냥 신체라고 하자. 서구어로 감각은 'sensation'이고 지각은 'perception'이다. 이에 비해서 완전히 개념을 가지고 판단하고 사유하는 것은 '인식(cognition)'이라고 한다. 비교가 미묘하기는 한데, 대체적으로 'sensation'은 생리학적인 뉘앙스를 풍기고, 'cognition'은 완전히 개념화해서 판단하고 사유하는 것을 뜻한다면, 'perception'은 그 사이의 과정을 뜻한다고 할 수 있겠다. 갓난아기도 감각작용을 한다. 하지만 아직 지각하지는 못한다. 갓난아기의 눈을 보면 초점이 없다. 사물을 아직 지각하지 못하는 것인데, 한 달 정도 지나고 나면 눈의 초점이 모아지면서 대상을 지각한다. 그렇다고 아이가 판단을 한다고는 아직 말하기 어렵다. 대상을 포착해서 알아보긴 하지만, 아직 명확하게 개념화되지 않은 그런 중간 과정이 지각이라고 할 수 있을 것 같다. 그래서 지각이라는 개념은 모호성을 띠고 있다고 할 수 있다. 감각과 본격적 인식, 즉 개념적 인식 사이에 있는 것이 지각이며, 물리적 차원에서 정신적 차원으로 넘어가는 것이 지각이다. 요컨대 지각은 신체적 감각과 개념적 인식 사이에서 벌어지는 인식 과정을 가리키는 개념이다.

여기에서 지각을 둘러싼 논의를 잠깐 살펴보자. 지각 단계를 '인식'이라고 할 수 있는가? 이 문제를 둘러싼 철학사적 논의가 있다. 지각은 그것을 인식으로 본다 해도 전(前)개념적(preconceptual) 차원의 인식, 즉 불충분한 의미에서의 인식이기 때문에 인식론적으로 저급한 위상을 부여받아 왔다. 그러나 20세기 중엽의 메를로-퐁티 등은 지각의 차원에서 이미 의미가, 즉 '전(前)코기토적 의미'가 형성되어 있다고 보며, 그 후 그것이 개념적 인식으로 추상화된다는 새로운 입장을 제시하기도 했다.

이 생각을 칸트와 비교해 보자. 근대 인식론은 인식 대상과 인식 주체라는 두 항을 가지고서 논한다. 메를로-퐁티도 이런 논의 구도의 연장선상에 있다. 철학자들 사이의 관계를 살필 때, 우리는 두 사람이 같은 논의 구도 내에서 다른 이야기를 하고 있는가, 아니면 논의 구도 자체가 다른가 하는 것을 유심히 봐야 한다. 논의 구도가 같을 경우 서로 입장이 반대된다 해도 비교가 용이하다. 그리고 서로 반대됨에도 불구하고 같은 인식론적 장(場) 안에, 소통의 네트워크 안에 들어 있다고 볼 수 있다. 하지만 사유의 구도 자체가 다르면 문제가 다르다. 이 경우에는 두 구도를 동시에 볼 수 있는 사람만이 두 사람에 대해 뭔가 의미 있는 이야기를 할 수 있다. 그러나 현실적으로 대부분의 경우, 어느 한 구도를 고집하는 경우가 많다. 즉, 대화가 되지 않는 것이다. 이질적인 여러 구도－예컨대 현상학과 구조주의, 분석철학과 도가(道家), 유교와 인도 철학－를 동시에 볼 줄 아는 사람은 대단히 뛰어난 지적 안목을 가지고 있다고 할 수 있다. 그러나 이런 사람은 사실상 매우 드물다. 대부분의 철학자들은 어떤 구도 안에서 사유한다. 메를로-퐁티가 아무리 칸트와 대조적이라 해도 두 사람은 기본적으로는 같은 구도 안에 들어 있다고 해야 한다.

인식 주체에게서 대상에 보다 직접적으로 부딪히는 부분은 다름 아닌 신체일 것이다. 신체는 대상을 감각적으로 받아들인다. 신체가 대상을 지각함으로써 받아들이게 되는 것을 '인식질료'라고 한다. 여기에서는 자연철학적인 의미에서의 질료가 아니라 인식론적 맥락에서의 질료이다. 조금 더 과학적인 맥락으로 말하면 바로 '자료＝데이터'라고 한다. 더 정확히 말하면 '감각 자료(sense data)'이다. 그런데 칸트에 의하면 이 단계, 즉 인식 주체가 지각을 통해 감각 자료를 가지게 된 단계는 아직 식으로 화하지 못한 단계이다. 말하자면 인식론적 카오스일 뿐이다. 이것이 인식으로 화하려면 우리 오성이 갖추고 있는 개념적 틀이 이 자료를 구성해야 한다. 조금 거칠게 비유하자면, 밀가루 반죽에 주물이 찍혀야 새, 고양이, 강아지 같은 결과가 나오는 것과 같다. 주물이 찍히지 않으면 그냥 밀가루 덩어리일 수밖에 없는 것이다. 그것은 그저 인식질료일 뿐이고, 아직 인식은 아니다. 인식이란 것은 의식에, 인간 주체에(앞에서도 말했지만, 근대 인식론은 인간 주체를 의식과 동일시한다) 속하는 작용이다. 개념적 틀, 이 자료를 구성해야 비로소 인식이 성립하는 것이다.

메를로-퐁티는 지각에 관련해 칸트와는 다른 의미를 부여한다. 신체가 대상과 접촉해서 가지게 되는 것, 즉 지각을 통해서 가지게 되는 것은 이미 그 안에 의미를 가지고 있다고 보는 것이다. 더 정확히 말해 메를로-퐁티에서는 신체와 대상이 서로 떨어져 있지 않다. 둘은 이미 포개져 있다고 해야 한다. 낯선 두 존재가 서로 관계 맺는 것이라기보다는 차라리 서구 구분되기는 하지만 실질적으로는 포개져 있는 하나라고 해야 하는 것이다. 그리고 그렇게 포개져 있는 차원에서 이미 의미의 씨앗이 자라고 있는 것이다. 그 위에서 우리 의식에 의해 반성되고, 추상화되고, 개념화되면서 보다 개념적이고 분석적인, 이론적인 인식이 나온다고 본다. 이것은 칸트와는 상당히 다르다. 근대적 인식론은 인간의 의식을 따로 떼어서 그것을 주체인 것처럼 논하지만, 메를로-퐁티는 그 전에 이미 신체 자체가 주체로서 활동하고 있다고 말한다. 세계와 떨어져서 의식이 그것을 대상화하기 전에 우리 신체는 이미 세계와 더불어 살고 있는 것이다. 그리고 그런 삶 속에 이미 의미의 씨앗이 들어 있다고 보는 것이다. 메를로-퐁티는 이런 코기토를 '전(前)반성적 코기토'라고 부른다.

좀 단순한 예를 들어보자. 우리가 길을 가다가 무심코 간판을 피할 때가 있다. 피하려고 마음을 먹은 것이 아니라 몸이 판단을 해서 간판을 피하고, 그 후에 돌아보고서 '아차 다칠 뻔했구나'하고 깨닫게 된다. 신체는 그저 정신의 명령을 수행하는 껍데기가 아닌 것이다. 그래서 메를로-퐁티는 지각의 차원이라고 해서 아무 의미 없는 인식질료가 형성되어 있을 뿐인 것은 아니라고 본다. 의식이 구성해야만 인식이 성립한다는 칸트의 사유를 거부하는 것이다. 지각의 차원 자체에 이미 의미와 주체성과 가치가 묻어 있고, 그 차원이 이후의 모든 고도의 반성, 추상화, 개념화, 이론화 등의 토대라는 것이다. 이렇게 되면 진리의 근원은 초월적 형상도 아니고 구성하는 주체도 아니게 된다. 우리의 몸이 전(前)반성적으로 살아가고 있는 지각의 차원이 진리의 근원이 되는 것이다. 메를로-퐁티의 사유는 지각의 차원에 높은 가치를 부여하는 대표적인 경우이다.

기억과 상상력

영혼의 보다 고급한 능력으로는 기억과 상상력을 들 수 있다. 기억은 영혼의 핵심적인 능력들 중 하나이다. 기억이 존재하지 않는다면 시간에는 현재만이 있을 수 있다. 만약 인간이 기억을 가지고 있지 못하다면 인간은 그저 매순간을 살아갈 수 있을 뿐이고, '나'라는 정체성은 가지지 못할 것이다. 기억이 존재하기 때문에 인생이란 것이 존재한다. 기억이 존재하지 않으면 인생이란 것 자체가 존재하지 않을 것이다. 순간순간의 현존(現存)만이 존재할 것이다. 보다 고급한 기억 능력을 가진 생명체일수록 보다 긴 시간을 영위할 수 있다. 꼭 수명을 뜻하는, 오래 산다는 뜻이 아니라 그만큼 긴 시간을 영위(營爲)한다는 뜻이다. 생물학적 맥락에서 보면 진화 역시 그런 관점에서 볼 수 있다. 진화한다는 것은 보다 큰 시간(과 공간)을 영위하는 생명체가 됨을 뜻한다. 인간 정도가 되면 마침내 무한한 시간과 무한한 미래까지 생각하게 된다. 무한이야말로 시간의 극한, 아니 시간의 초월과 관련되기 때문이다.

어떤 동물이 보다 발달했다는 것은 그만큼 기억장치가 발달했다는 것을 뜻하기도 한다. 사람을 봐도 그렇다. 아기들은 금방 잊어버린다. 엄마가 다른 방으로만 가도 운다. 그러다가 점차 엄마가 아주 나가는 것과 방 안에서 움직이는 것을 구별하게 된다. 시간의 매듭들을 이어서 기억하게 되는 것이다. 오로지 현전(現前)만을 지각하다가 점차 지각하는 시간의 폭이 넓어지는 것이다. 그러다가 어느 순간 자신의 삶 전체라는 시간대를 생각하게 되고, 더 나아가서 세계 자체의 시간대를 생각하게 된다. 의식하는 시간대가 커진다는 것은 그만큼 큰 삶의 가능성을 함축하지만 동시에 그만큼 큰 실존적 고뇌도 함축한다. 만일 우리가 불행한 과거를 잊을 수 있다면 삶이 좀더 편안한 무언가가 될 것이다. 기억의 폭이 클수록 그만큼 복잡한 존재가 된다. 과거 기억의 능력은 미래 상상의 능력과 맞물려 커진다. 그러면서 죽음에 대한 두려움, 삶 자체에 대한 불안을 비롯한 여러 실존적 고뇌도 증폭한다. 시간의 폭을 크게 영위한다는 것은 그만큼 의미 있는 삶의 폭이 커진다는 것을 뜻하는 동시에, 그만큼 복잡하고 힘겨운 삶을 겪게 됨을 뜻하기도 한다.

더 나아가 기억은 한 존재의 정체성(正體性) 문제와 관련된다. 기억이란 인식론적으로도 상당히 중요하지만 인성론적으로 보면 한 인간의 자가-자신-임을 깨닫게 되는 정체성과 관련되는 것이다. 기억을 떠난 '나'라고 하는 것은 의미가 없는 것이다. '나를 나이게 해주는 가장 고유한 것이 뭘까'하고 생각해 볼 때, 다른 무엇보다도 내가 가진 기억들을 생각하게 된다. 특히 나만이 가진 기억들을.

나만이 또는 우리 가족만이, 우리 세대만이 가지고 있는 고유한 기억들이 결국 그 사람, 가족, 세대 등의 정체성을 형성하고 있다. 기억은 매순간 발생하는 사건 하나하나의 층위에서 성립하기 때문에 추상적 법칙성으로 결코 포착되지 않는 개별성을 형성한다. 그 사건 하나하나는 일반화해서 이야기할 수 없는 것이므로, 그 개별 사건을 직접 체험하고 그 기억을 공유하지 않는 존재로서는 알 수 없는 고유한 정체성을 형성하는 것이다. 정체성은 고유한 사건들로 이루어지는 기억을 떠나서는 성립하지 못한다. 시간의 연속성은 기억을 통해 성립할 수 있는 것이며, 만약 그렇지 않다면 순간만이 있을 것이다.

기억은 정보(information) 개념과도 관련되어 있다. 기억-보다 단순한 의미에서의 기억-은 정보의 집적체(集積體)라고 할 수 있다. 지하철 티켓의 자기선(磁氣線)에도 일정한 정보가 기억되어 있다. 예컨대 티켓을 끊고 지하철을 탄 지 3시간이 지나면 그 티켓은 효력이 없어진다. 이것은 곧 지하철 자기 띠에 정보가 입력되어 있음을 뜻한다. 녹음기, 책, CD 등도 모두 정보를 입력해 놓고, 그 정보를 끄집어내는 기억 장치들이다. 가장 기본적인 기억 장치는 인간의 뇌인데, 이런 기억 장치들은 바로 뇌를 흉내 내서 만든 장치들이다. 컴퓨터는 그중 가장 놀라운 성과물이다. 기억을 보다 좁은 의미로 쓰면 인간의 심리, 내면의 특징으로 말할 수 있지만, 넓은 의미로 보면 세상에는 무수한 종류의 기억 장치들이 있는 것이다. 인간은 자신이 모든 정보를 일일이 기억할 수 없었기에, 각종 기억 장치들을 만들면서 오늘날까지 이르렀다. 인류 역사는 기억 장치의 발달 과정이라고 해도 과장이 아니다. 옛날에는 시인이 이야기를 다 외웠다. 호메로스 같은 사람이 나오기 전에는 대부분의 시들을 시인이 일일이 외워서 노래했던 것이다. 한국의 경우 얼마 전까지만 해도 판소리가 녹음될 수 없어서, 소리하는 사람들이 개인적으로 사사받아서 일일이 외웠다. 판소리는 그렇게 해서 사람과 사람 사이로 이어졌던 것이다. 지금처럼 모든 것을 기계가 하고 사람은 단추만 누르면 되는 세상과는 전혀 다른 세계를 상상해야 한다. 오늘날 인간의 기억 능력은 저하되었다. 기계적 장치들이 많아지면서 점점 외우기를 싫어하게 되었기 때문이다. 그리고 역으로 기억에 대한 지나친 편집증이 있다. 모든 것을 비디오를 비롯한 영상 장치들로 찍어 놓고, 모든 것을 다 기억해 놓으려 하기에 말이다. 그런 식으로 하면 더 이상 '소중한 기억'이 될 수 없다.

기억이라는 말을 넓게 쓰면 생명체가 생명을 이어가는 것 또한 기억이다. 이는 근본적인 의미에서의 기억이다. 생명체의 기억은 기계 장치를 통한 기억보다 훨씬 더 유연한 형태를 보여준다. 생명이라고 하는 것은 살아 있다는 것이고, 살아 있다는 것은 죽지 않은 것이다. 죽지 않으려고 하는 것이 생명체인데, 사실상 개체 자체가 영원히 존속될 수 없기 때문에 거기에 대한 하나의 대응으로서 나타나는 것이 있다. 바로 나라는 개체가 죽는 대신에 나의 정체성을 세계에 남겨 놓는 것이다. 그것이 생식이다. 생명체가 자기와 닮은 자식을 낳는 것은 나=개체는 죽지만 나와 너무나도 닮은 내 자식을 후세에 남김으로써 생명의 연속성을 이어가는 일에 다름 아니다. 생명체는 그런 식으로 자기 정체성을 없애지 않고 남기는 것이다. 플라톤의 말을 빌리면 영원에 참여하는 것이다. 그렇게 함으로써 매우 긴 기억, 생명 자체의 기억은 꺼지지 않고 이어지는 것이다.

베르그송은 『물질과 기억』에서 독특한 기억론을 전개한다.

베르그송은 유용성에 응답하는 기억 이상의 기억을 논했다. 유용성에 응답하는 기억이란 것은 우리가 흔히 보는 기억이다. 수업이 끝난 학생들이 집에 가려면 버스 정류장에 갈 것이다. 바로 그런 기억이다. 기억을 보관하고 있다가 현재 필요할 때 끄집어내는 것이다. 만일 우리가 그런 기억을 가지고 있지 않다면, 매번 정류장이 어디 있는지 찾아야 할 것이다. 그런데 베르그송은 현재의 유용성에 따라 끄집어내지는 기억이 아니라 기억 자체를 위한 기억, 순수한 기억을 이야기하고 있다. 가끔 누워서 옛일 같은 것을 자세하게 기억할 때가 있다. 그 상황, 그 때의 사람들, 사람들의 표정, 말씨, 분위기 등을 기억해 본다. 추상화된 어떤 것이거나 유용한 어떤 것이 아니라 섬세하기 이를 데 없는 것들을 일일이 떠올리는 것이 순수한 기억이다. 마르셀 프루스트의 『잃어버린 시간을 찾아서』는 바로 이런 기억들을 뛰어나게 문학화하고 있다. 여기서 나타나는 것들은 실용적인 의미에서의 기억과는 전혀 다른 심층적 기억이다.

기억이라는 것이 인간에게 매우 소중하고, 또 인간의 정체성을 가능하게 해주는 것이지만, 어떤 현대 철학자들은 기억이 가진 부정적인 특징을 이야기하기도 한다. 그래서 '반(反)기억(counter-memory)'을 이야기한다. 이 때의 기억은 우리를 옭아매는 동일성을 뜻한다. 무엇인가를 자꾸 기억한다는 것은 그 과거에 묶이는 것이다. 새로운 길로 뚫고 나가려면 기억으로부터 벗어나야 한다. 그런데 기억이 동일성－서구어 'identity'가 우리말로는 '동일성'과 '정체성'으로 분화되어 번역된다는 사실을 기억할 필요가 있다-을 형성하다 보니 자꾸 과거에 집착하고 기억에 지배를 받는다. 그래서 기억이라는 것은 동일성에 집착하는 것으로 이해되어 비판의 대상이 되기도 한다(오토모 가츠히로 감독의 작품인 「메모리스」라는 애니메이션이 기억의 이런 성격을 잘 묘사해 주고 있다. 인간이 어떤 동일성/기억에 집착할 때 어떤 결과를 낳는가를 과거, 현재, 미래의 3부작으로 표현하고 있다). 동일성은 시간을 거부하는 개념이다. 때문에 문제가 생긴다. 그러나 정체성은 다르다. 정체성은 시간과 더불어 변해 가면서도 상실하지 않는 그 무엇이다. 시간을 껴안지 못할 때 정체성은 동일성으로 화하고, 그 동일성에 집착할 때 문제가 생긴다.

기억과 더불어 상상력 또한 핵심적인 영혼의 능력들 중 하나이다. 상상은 'imagination'이며 이는 곧 이미지의 운동을 말한다. 상상을 뜻하는 그리스어는 'phantasia'이다. 발음 그대로 하면 '환타지아'인데, 지금의 뜻과는 뉘앙스가 다소 다르다. 환타지아는 '환상(幻想)'을 뜻하는데, 상상은 환상을 포함하는 보다 넓은 개념이다. 'phao'는 외관을 나타내고, 'phainein'은 '나타나게 하다'를 뜻하며, 그 수동형 'phainesthai'는 '나타내다'를 뜻한다. 중성형 분사인 'phainomenon'은 '나타난' 것, 즉 현상을 뜻한다. 'image'라는 말의 직접적인 연원은 라틴어 'imago'이다.

'phantasia'는 우선 외관 또는 이미지를 뜻하며, 실재가 아니라 그 실재의 그림자, 시뮬라크르임을 뜻한다. 원래 'phantasia'라는 말은 사물이 아닌 이미지, 원본, 즉 형상=이데아의 이미지, 그림자 같은 것이다. 우리말로는 '像'에 해당한다. 맥락에 따라서는 '像'의 운동, 즉 상상(想像)을 뜻하기도 한다. 이미지라는 말은 이중적인 뜻을 가지고 있다. 한편으로는 객관적인 어떤 것 내지 사물들의 겉모습으로, 어떤 책상의 색깔, 누군가의 표정, 어떤 동물의 목소리 같은 것들이다. 그러나 다른 한편으로 이미지는 우리 마음속에 있는 무엇으로 이해된다. 마음속의 이미지는 객관적인 사물이 아니다. 이 때는 '심상(心像)'이라고 할 수 있다. 그런데 때로는 객관적인 존재로서든 마음속의 존재로서든, 인간이 그것을 어떤 식으로든 복제한 것을 또 이미지라고 하기도 한다. 그림이 내표석이다. 어떤 장면을 찍은 영상도 마찬가지이다. 이렇게 이미지라는 말은 매우 복잡한 뉘앙스를 품고 있다. 베르그송은 우리가 객관이니 주관이니 하는 식으로 분석해서 사유하기 이전에, 우리가 눈을 뜨자마자, 귀를 열자마자 우리에게 가장 원초적으로 주어지는 것들이 이미지라고 한다. 아직 물질적인 것(the material)으로도 정신적인 것으로도(the mental) 규정할 수 없는 어떤 원초적인 소여(所與), 그것이 이미지이다. 요컨대 이미지는 인식 주체와 인식 대상이 갈라지기 이전의 차원에서 열리는 원초적인 것들이고, 또 경우에 따라서 그것들은 인간이 복제한 것들이라고 할 수 있다.

우리가 실제 금강산을 두 쪽 낼 수는 없지만 우리의 머릿속에서는 그것이 가능하다. 즉, 실제 사물이 아닌 그 사물의 심상, 또는 그것을 그린 그림 등은 우리 마음대로 조작할 수 있는 것이다. 그것이 'imagination', 즉 이미지작용이다. '想像'으로 번역을 해서 그렇지 사실상 기호작용(signification), 감각작용(sensation), 개념작용=개념화(conception) 같은 말들과 똑같은 유형의 말이다. 기호, 감각, 개념, 이미지의 운동이 각각 기호작용, 감각작용, 개념작용=개념화, 이미지작용=상상인 것이다.

아리스토텔레스는 상상을 감각 및 사고와 구분한다. 그에 따르면 상상이란 감각작용으로부터 태어나는 운동이다. 우리가 단 한 번도 본적이 없는 것을 상상하는 경우는 거의 없다. 이미 본 것을 가지고 그것을 이리저리 굴려보는 것이다. 진짜 완벽하게 본 적이 없는 것을 상상하는 경우는 거의 없다고 해야 할 것이다. 어떤 식으로든 내 마음에 이미 들어온 이미지들을 갖가지 방식으로 조작해 보는 것이다. 그래서 아리스토텔레스는 상상을 감각작용으로부터 태어나는 운동이라고 했던 것이다. 감각작용에서 태어나지만 거기에 운동이라는 계기가 부가된다는 뜻이다.

'상상'은 두 가지 뜻을 동시에 가진다. 하나는 인식 주체가 대상과의 접촉을 통해서 이미지를 가지게 되는 과정이고, 다른 하나는 그렇게 가지게 된 이미지를 운동시키는 과정이다. 즉, 우리 마음에 상(像)이 맺히는 과정을 'imagination'이라 할 수 있고, 또 그렇게 맺힌 상들을 가지고 다양한 조작을 해보는 것을 'imagination'이라 할 수 있다. 우리는 일상적으로 보통 후자를 상상이라고 한다. 조심할 것은 전통적인 철학 문헌들에서는 전자도 'imagination'으로 쓰고 있다는 사실이다. 사실 오히려 전자를 더 많이 쓴다. 어떤 대상을 지각해서 이미지를 가지는 이 과정이 'imagination'이다. 이런 맥락에서 'imagination'과 'representation'은 거의 같은 말이다. 물론 '표상'이라는 말에는 보다 다양한 내용들이 포함되어 있지만, 가장 원초적인 의미에서의 표상, 즉 사물들을 감각해서 그 감각적 대응물(對應物)－장미꽃 자체가 우리 눈으로, 나아가 마음으로 들어올 수는 없다. 우리 눈에, 마음에 장미의 대응물이 형성되는 것이다－을 가지게 되는 과정으로서의 표상은 다름 아닌 이미지작용이다.

'phantasia'라는 그리스어에는 (가짜, 환상, 우리를 속이는 이미지 같은) 일정 정도 부정적인 함의가 들어 있다. '환상'이라는 현대어가 그런 함축을 이어받고 있는데, 전통적으로 상상이라는 존재는 다분히 부정적인 뉘앙스를 띠곤 했다. 거짓이라는 뉘앙스, 좀 나은 경우에는 표피적이라는 뉘앙스, 인식론적으로는 자의적(恣意的)이라는 뉘앙스가 부가되어 있었다.

흥미롭게도 오늘날에는 상상력을 높이 평가한다. 상상력이 풍부한 사람이 되어야 한다, 상상력을 키우자 등은 늘 듣는 이야기이다. 이 경우에는 실재하는 사물을 있는 그대로 사유하는 것이 아니라 자의적으로 사유하는 것을 뜻하기에 본래 의미에서의 상상 개념과는 그 뉘앙스가 다르다. 본래 상상이란 인식 주체의 자의성이 강한 것으로서, 비판적으로 이해되었다. 그러다가 점차 상상력이 가진 역능이 파악되면서 그 뉘앙스가 달라지게 된 것이다.

스토아 학파는 'phantasia'를 'phenomenon'에 대비시켜서 외관의 뉘앙스를 부여했다. 'phenomenon'은 사물이 있는 그대로 나타남을 뜻하는 것인 데 비해, 'phantasia'는 왜곡된 이미지라는 뜻을 가진다. 스토아 학파는 환각적 표상의 경우 사물의 왜곡된 모습－예컨대 공기의 흐름에 의한 상(像)의 왜곡－을 함축하지만, '포착적(捕捉的) 표상'의 경우에는 사물의 있는 그대로의 모습을 함축하는 것으로 생각했다. 스피노자를 비롯한 고전 시대의 철학자들이 생각했던 'imagination'도 사물의 표면적 성질들이 그대로 인식 주체의 관념으로 형성될 때, 또는 양자가 일치할 때 성립하는 것으로 이해했다. 여기에서 '표면적'이라는 수식어가 중요하다. 우리가 태양을 보면 그것이 마치 몇 킬로미터 떨어진 곳에 있는 둥글고 노란 쟁반 같은 것으로 보인다. 이런 인식이 'imagination'이고, 따라서 'representation'이나 'perception'과 거의 같은 것을 의미했다고도 할 수 있다. 그에 비해 오늘날 우리가 흔히 말하는 상상은 앞서 보았던 아리스토텔레스의 규정에 가까운 것이다. 상상은 기억을 전제한다. 기억이라는 바탕 위에 상상이 있는 것이다. 지각을 통해 형성된 이미지들이 기억으로 보존되고, 그렇게 보존된 이미지들에 운동이 가해질 때 상상이 성립되는 것이다. 그리고 이런 의미에서의 상상은, 사람에 따라 다르기는 하지만, 대체적으로 오늘날과 같은 높은 위상을 부여받지 못했다.

현대에 들어와 상상의 문제를 철학적으로 파고든 대표적 인물은 가스통 바슐라르이다. 바슐라르는 상상에 대한 사유에 기초해 과학철학과 예술철학을 전개했다. 물론 바슐라르가 생각하는 상상은 현대적 의미에서의 상상이다. 바슐라르의 상상 이론은 실증주의로부터 합리주의로의 이행과 밀접한 관련이 있다. 오늘날의 과학은 객관 세계를 있는 그대로 반영하는 문제가 아니라, 우리에게 지각되지 않는 심층 세계를 파악하는 문제와 관련되기 때문이다. 물리학이나 천문학은 극미의 세계와 극대의 세계를 연구한다. 따라서 상상력이 없으면 이루어지지 않는다. 과거에는 과학이란 말과 상상력이라는 말은 잘 어울리지 않는 말이었다. 그러나 현대 과학은 지각의 세계에서는 전혀 상상도 할 수 없는 것들을 연구하게 되었다. 예술도 마찬가지이다. 과거의 예술은 사물을 있는 그대로 재현하는 것이었고, 이런 대전제는 사실상 인상파 예술에서도 관철되고 있다. 그러나 현대에 이르러 예술가들은 지각된 세계를 벗어난 세계, 말하자면 일종의 '가능 세계'를 찾고 있다. 현대 회화가 '추상 회화'로 불리는 것은 이 때문이다. 여기에서도 마찬가지로 상상력이 중요한 역할을 한다. 바슐라르가 상상 개념에 주안점을 두고서 과학철학과 예술철학을 전개한 것은 이 때문이다.

기억, 상상력과 더불어 또 하나의 결정적인 개념은 지능이다. 지능은 인간의 특히 고유한 능력이다. 물론 다른 동물들도 지능이 있지만, 동물들에게 특히 발달한 것은 본능이다. 동물들은 배우지 않고도 어떤 한 가지, 또는 몇 가지 일을 기가 막히게 잘한다. 그러나 그 일을 일반화하고 응용하고 변형시켜 나가지는 못한다. 때문에 동물의 세계는 분명 '진화'하기는 하지만 '발전'한다고 말하기는 어색하다. 인간은 별다른 본능이 없다. 어찌 보면 참 허약한 존재이다. 사슴들은 태어나서 얼마 안 있어 걷고 먹이를 찾지만, 어린 아기들은 돌이 지나야 걷고 몇 년씩이나 부모가 밥을 먹여 준다. 그러나 인간은 지능을 통해 자신의 경험을 일반화하고 응용하고 변형시켜 나간다. 그 중 특히 중요한 것은 분석하는 능력이다. 사물의 현실태(現實態)만을 지각하는 것이 아니라 그것을 자신의 사유공간(思惟空間), 추상공간(抽象空間) 속에 옮겨다 놓고서 갖가지 방식으로 조작해 보는 능력이야말로 인간이 세계를 정복할 수 있었던 비결이다(이 능력은 상상 능력과 일정 부분 겹친다. 그러나 상상이 비교적 자유롭게 이리저리 이미지 운동을 시키는 것이라면, 분석은 과학적 지능을 가지고서 사물들을 분석하는 것이므로 일정한 차이를 드러낸다). 사물들의 등가물(等價物)을 인간 특유의 추상공간에서 조작하고, 또 그 조작한 대로 현실 사물들을 변형(變形)시켜 나감으로써 오늘날의 문명이 성립한 것이다. 이 변형을 위한 설계가 바로 '디자인'이다. 따라서 인간 문명의 모든 것은 기본적으로 다 디자인된 것들이다. 오늘날에는 사람의 몸까지도 디자인되고 있다.

감정과 이성

인간 영혼의 가장 고급한 능력은 감정과 이성에 있다. 감정은 감성, 욕망, 의지 같은 개념들과 밀접하게 관련되어 있고, 이성은 지성, 지혜, 합리성 같은 말들과 관련되어 있다. 이런 개념들은 대단히 복잡해서 사람마다 사용하는 용법도 다르고 부여하는 의미도 다르다. 따라서 매우 섬세하게 이해해야 할 대목이다.

영혼의 능력에 있어서는 전통적으로 감성과 이성이 대별되어 왔다. 그러나 이 말들의 의미 또한 간단하지 않다. 감성은 영어의 'sensibility'에 해당한다. 이 말은 어떨 때는 이성에 대립하는 모든 인성을 가리키기도 하지만, 또 어떨 때는 인식론적 의미로 한정되어 사용되기도 한다. 인식론적으로 감성이라는 말은 인식 주체가 대상과의 접촉을 통해서 인식질료들을 얻어내는 과정을 뜻한다. 그러나 일상생활에서는 감정이라는 말과 대체적으로 같은 말로 사용되기도 한다. 저 사람은 "감정이 풍부하다"는 말과 "감성이 풍부하다"라는 말은 거의 같은 말이다. '감성 세대'라는 말도 이런 뉘앙스를 띠고 있다. 그러나 철학에서는 감정과 감성이 전혀 다른 개념이며, 감성이라는 말은 대체적으로 인식론적으로 사용되는 개념이다.

칸트는 감성과 오성을 대비시키면서 자신의 인식론을 전개하고 있다. 감성은 수용능력이다. 인식 주체가 대상과 접촉해서 인식질료를 만들어내는 과정이 지각이고, 그렇게 사물을 지각할 수 있는 능력이 감성이다. 오성은 그렇게 수용한 인식 질료를 본격적인 인식으로서, 개념적 수준의 판단으로서 구성하는 능력이다. 순수하게 경험이나 잡다한 자료들만을 통해서는 인식이 되지 않고, 그 자료들에 일정한 형식이 부여되어 종합 작용이 이루어져야 인식으로 화한다는 것이다. 그래서 『순수이성비판』은 감성론과 분석론으로 대별된다. 분석론은 오성을 다루는 것이고, 감성론은 감성을 다루는 것이다.

좁은 의미에서의 인성론에서는 감성이 아니라 감정이 중요하다. 감정은 정(情)이 감(感)하는 것이다. '情'은 '喜怒哀樂愛惡懼(앞서 말했듯이, 사람에 따라서는 喜怒哀樂愛惡慾)'라는 칠정으로 이해된다. 순수 '氣'의 상태(장횡거가 말하는 '太虛')에서는 아직 '情'이 구체화되어 있지 않다. '情'이 구체화되려면 '感'이라는 문턱을 넘어야 한다. 그래서 장횡거는 태허(太虛)로부터 객형(客形)과 객감(客感)이 분화되는 과정을 이야기한다. '感'이라는 운동이 성립해야 비로소 '情'이 '喜怒哀樂愛惡懼'로 구체화되는 것이다. '인간적인' 삶이란 바로 이 칠정을 둘러싸고 벌어진다.

칠정은 사단(四端)과 대립한다. '仁義禮智'가 바로 사단인데, '仁義禮智'는 이성적인 것이고 '喜怒哀樂愛惡懼'는 감정적인 것이다. 이 두 가지가 좁은 의미에서의 인성을 구성한다. 전통 사회에서는 흔히 어떤 사람의 성정(性情)이라는 말을 하는데, 바로 그 사람의 '性'=사단과 '情'=칠정을 말하는 것이다. 공자가 핵심적으로 의미를 부여했던 '仁'은 사랑인데,

우리는 보통 사랑을 감정으로 분류한다. 그런데 흥미로운 것은 전통 사상에서는 '仁'을 정에 넣지 않고 사단, 즉 '性에 집어넣는다는 사실이다. 이 때의 '仁'이라는 것은 애욕(愛慾)이 아니다. 애욕 이상의 박애적(博愛的)인 사랑이 '仁'이고, 따라서 '仁'은 감정의 개념이라기보다는 윤리적인 개념(정확히는 道德的인 개념), '性'과 관련되는 개념이다. 물론 이런 '仁' 개념을 거부하고 '仁'을 어디까지나 애욕에 불과한 것으로 보는 입장도 있다. 『맹자』에 등장하는 고자(告子) 같은 사람의 생각이 대표적인데, 그래서 고자와 맹자의 대립은 인성론에서 매우 중요한 대립축을 형성하고 있다고 할 수 있다.

전통 철학들에서 감정은 대체적으로 부정적인 방식으로 이해되는 경우가 많다. 우리말에 "감정에 휘둘린다"는 말이 있듯이, 감정이란 인간을 비이성적인 상태로 몰아가기 때문이다. 특히 기독교나 성리학 같은 근엄한 문화에서는 감정이란 것을 상당히 위험한 것으로 이해했다. 앞에서 파토스에 대해 이야기했거니와, 서구 담론사에서 파토스라는 말의 번역어인 'passion'은 대개 이성적이지 못하고 감정에 휘둘린다는 뉘앙스를 띤다. 이런 뉘앙스에서는 이 말을 '정념(情念)'이라고 번역한다. 정념은 스스로를 제어하지 못하고 감정에 휘둘리는 인간의 모습을 함축한다. 그래서 슬픔으로 가득 찬 'pathétique(悲愴)'라든가(베토벤의 「비창」 소나타나 차이코프스키의 「비창」 교향곡을 상기하면 될 듯하다), 병의 징후를 나타내는 'pathology(병리학)' 같은 말 앞에 'pathos'가 들어간다. 또한 대문자 'Passion'으로 쓰면, 가시 면류관을 쓰고 두 손에 못이 박힌 채 죽어간 예수의 '수난(受難)'을 뜻한다.

그런데 19세기 낭만주의가 도래하면서 이는 크게 달라지게 된다. 서양 문화사에서 낭만주의는 매우 큰 의미를 띤다. 이것은 세계를 바라보는 눈을 크게 변화시킨 사조이다. 예컨대 과거에는 낮이 건강하고, 도덕적이며, 좋은 것이었지만, 밤이라고 하면 어둡고, 무섭고, 두려운 무엇이었다. 악마, 뱀파이어, 드라큘라 등이 출현하는 것이 밤이다. 그런데 낭만주의가 도래하면서 밤을 멋있게 묘사하는 작품들이 등장한다. 이런 변화를 잘 보여주는 것이 바로 이 'passion'이라는 말이다. 그 전에는 위험하고, 고통스럽고, 병적이라는 뉘앙스를 띠었던 이 말이 이제 '정념'이 아니라 '열정(熱情)'으로 바뀐다. 그러면서 긍정적인 뉘앙스가 깃들게 된다. 지금도 우리는 그 연장선상에 있다. "열정을 가져라" "차가운 열정" 등, 열정이라는 말을 멋있는 것으로 받아들이는 표현들이 많다.

더불어 'pathétique'라는 말도 전에는 고통, 고뇌를 뜻했지만 이제 여기에 로맨틱한 뉘앙스가 부여된다. '고뇌(苦惱)'라는 말이 고통스러우면서도 동시에 낭만적인 체험을 뜻하게 되는 것이다. 예를 들어 베토벤이나 차이코프스키의 「비창」은 비애감(悲哀感)이 있으면서 동시에 감미롭다. 이렇게 고뇌에 차 있으면서도 뭔가 낭만적인 것, 이런 식으로 의미가 묘하게 바뀐다. 어찌 보면 현대 대중문화는 19세기 낭만주의－더 정확히는 그 속화(俗化)된 상태인 감상주의(感傷主義)－를 잇고 있다고 할 수 있으며, 현대 대중문화를 지배하는 정서의 뿌리 역시 19세기의 감상주의에 있다고 할 수 있다. 어쨌든 파토스의 의미는 이런 큰 변화를 겪는다.

감정과 밀접한 연관성을 가진 개념들 중 하나가 욕망이다. 어떤 사람들은 욕망을 감정의 하위 개념으로 보기도 하고(예컨대 '喜怒哀樂愛惡慾' 같은 표현에서 그렇다), 또 어떤 사람들은 감정과 욕망을 대등한 개념들로 보기도 한다. 욕망은 그리스어 'Epithymia'에 해당한다. 플라톤에게 욕망은 이성, 기개와 더불어 영혼의 세 부분들 중 하나이다. 플라톤은 폴리스의 구성을 이성-머리-지배 계층, 기개-가슴-군사 계층, 욕망-배(하체)-생산 계층으로 나누어 본다. 이 경우 감정보다는 욕망과 기개가 뚜렷하게 개념화되고 있다.

감정 개념과 마찬가지로 욕망 개념 역시 그다지 좋은 대접을 받지 못했다. 욕망은 영혼의 가장 저급한 부분이라는 평가를 받았던 것이다. 플라톤은 욕망을 '빔'으로 이해했다. 비어 있으니까 채워야 한다. 그런데 플라톤은 또 욕망을 밑 빠진 독에 비유한다. 채워도 채워도 채워지지 않는 것이 욕망이라는 것이다. 물론 스피노자 등의 예외도 있지만, 이런 식의 이해는 그 후로도 계속된다. 20세기 후반에 활동한 인물들인 들뢰즈와 가타리는 욕망을 오히려 창조적인 약동(躍動)으로서 이해한다. 욕망을 비어있는 무엇, 결여(缺如), 채워야 할 무엇으로 이해하는 것이 아니라 창조적인 에너지, 차이를 만들어내는 원동력, 생명의 약동으로 이해한다. 비어 있기 때문에 채워야 할 것이 아니라, 이전에 없던 무엇을 만들어내는 것을 욕망이라고 보았던 것이다. 그들은 특히 그런 관점에서 정신분석학의 욕망 개념을 비판한다.

플라톤과 달리 아리스토텔레스는 욕망을 보다 큰 범주인 욕동(慾動)의 세 부분 중 하나로 보았다. 플라톤은 욕망을 큰 범주로 보았는데, 아리스토텔레스는 욕동을 큰 범주로 보고(욕동, 감각, 이성이 큰 범주를 형성한다) 욕동 아래에 욕망, 기개, 의지가 있다고 보았다. 이런 미묘한 개념들은 사람마다 생각이 달라 그 분류가 복잡할 수밖에 없다. 인지(人知)가 발달할수록 경험을 더욱 세분하게 되고, 따라서 개념도 더욱 세분된다. 아리스토텔레스만 해도 플라톤보다 더 세밀하게 인성을 분류하고 있다.

플라톤에서는 의지 개념이 뚜렷하지 않으며, 다만 기개가 의지와 통한다고 할 수 있다. 그러나 아리스토텔레스에서는 이것이 뚜렷하게 개념화되어 구분되고 있다. 의지라는 개념은 근대에 와서 좀더 큰 위상을 부여받게 된다. 이성은 차분하고 분석적이지만(물론 곧 다루겠지만 이성이라는 개념의 의미는 폭이 매우 넓다), 의지는 굳세고 때로 맹목적이다. '志'라는 말에는 '굳셈'이라는 뉘앙스가 들어 있다. 의지 개념은 19세기 이후 많이 논의되었다. 멘느 드 비랑은 '코기토(나는 사유한다)'에 대해 '월로(volo, 나는 의지한다)'라고 했고, 쇼펜하우어는 『의지와 표상으로서의 세계』를 썼다. 니체는 지금까지도 논의되고 있는 '힘에의 의지'라는 개념을 제시했다. 또, 리쾨르 같은 사람의 연구도 있다. 어떤 사람은 의지의 일종이 욕망이라고 보기도 하고, 또 어떤 사람은 욕망의 일종이 의지라고 보기도 한다.

마지막으로, 철학자들이 영혼의 능력들 중 가장 훌륭한 것으로 본 것은 이성(異性)이다. 특히 그 중에서도 형이상학적 지혜는 인성에서 가장 높은 가치를 부여받은 부분이다. 이성 역시 사유, 지혜, 현명함, 과학적 지성 등 여러 개념들과 복잡 미묘한 관계를 맺고 있다. 아리스토텔레스는 형이상학적 지혜를 최상의 지적 뛰어남으로 보았고, 이를 'phronêsis'와 구분했다. 스토아 학파 역시 현자(賢者=sophos)가 되는 것을 최고의 이상으로 삼았다. 그에 비해 'phronêsis'는 구체적인 지혜를 말한다. 낯선 사람을 만났을 때는 먼저 상냥하게 대하는 것이 현명한 것이고, 친구와 싸웠을 때는 먼저 화해를 청하는 것이 지혜로운 것이다. 이런 식으로 개별적이고 구체적인 지혜들, 일상에서의 현명함은 'phronêsis'이고, 보다 근본적으로 우주를 관조하는 현자가 되는 것은 'sophia'이다. 그래서 프로네시스를 '실천적 지혜'로 번역하기도 한다. 둘 다 지혜이지만 종류가 좀 다르다고 해야겠다.

과학적인 지식은 'epistêmê'이다. 즉, 과학적으로 정확하게 분석적으로 사물을 인식하는 것이 '에피스테메'이다. 그런데 그리스 사유에서는 지금처럼 과학적 지성과 철학적 지성이 날카롭게 구분되지 않았다. 지금은 과학자의 이미지와 철학자의 이미지가 전혀 다르다. 과학자 하면 실험실에서 실험을 하고 복잡한 수학 계산을 하는 사람이 떠오르고, 철학자 하면 주로 실천적이고 정치적인 문제를 고민하는 사람이 떠오른다. 그러나 그리스 문화에서는 그런 구분이 없었다. 과학과 철학의 구분 같은 것은 존재하지 않았던 것이다. 에피스테메는 과학적 지식이자 철학적 지혜의 소산이었다. 그리스 문화에서 진선미(眞善美)는 분열되지 않고 통일되어 있었고, 지식인=철학자는 이 모두를 구비한 인물이었던 것이다.

근대에 이르게 되면 형이상학적 지혜가 부정당한다. 진(眞)은 과학을 담당하게 되고, 철학은 선(善)에 주력하게 되고, 예술은 미(美)를 담당하게 된다. 칸트는 이런 삼분법을 잘 보여준다. 순수이성, 실천이성, 판단력이라는 삼분법을 사용하여 과학적 지식 및 그것에 대한 인식론, 도덕적 지혜 그리고 심미적 능력을 인성의 세 부분으로 보았던 것이다. 이런 삼분법은 지금도 일정 정도 영향을 주고 있는데, 그래서 고·중세의 구도와 근대의 구도는 다르다고 할 수 있다.

덕(德) : 영혼의 힘

아레테(aretê)와 서양정신

영혼과 덕 개념은 밀접한 관련을 가진다. 영혼이 도달할 수 있는 가치, 영혼의 최상의 상태는 곧 덕이 있는 상태이다.

우리가 '德'이라고 번역하는 그리스어는 'aretê'이다. 이 말의 초기 뜻은 용기였다. 그래서 이 말은 남성, 용감함을 뜻하는 'arsên', 훌륭함을 뜻하는 'haristos', 명령하다, 힘을 가지다를 뜻하는 'archô', 씨를 뿌리다, 수확을 얻다 등을 뜻하는 'arô' 등의 말과도 통한다. 이런 어원들에서 알 수 있듯이, 아레테의 본래 뜻은 힘, 즉 영혼의 힘이었다고 할 수 있다. 그런데 영혼은 생명력이자 '精神'이다. 그래서 이 말은 신체의 힘과

정신의 힘을 동시에 뜻할 수 있다. 그러나 그리스 역사가 진행됨에 따라 점차 후자의 의미가 강해진다. 오늘날 우리는 덕 개념을 전적으로 정신적 인격의 뜻으로만 쓰지만, 유래를 거슬러 올라가면 신체의 강인함도 덕 개념에 포함되어 있는 것이다. 소크라테스의 신체가 초인적으로 강인했던 점을 상기할 필요가 있다.

아레테는 '-다움'을 뜻했다. 어떤 존재가 영혼의 힘을 가진다는 것은 바로 그 존재답다는 뜻이다. 달팽이에게는 달팽이다움이 있고, 호랑이에게는 호랑이다움이 있다. 그래서 윤리학에서 아레테는 바로 인간다움의 문제이다.

호메로스에서의 아레테는 주로 용기였다. 전사(戰士)들의 세계에서 최상의 가치는 용기였던 것이다. 그러나 후대로 올수록 용기는 여러 덕들 중의 하나로 이해된다.

덕을 본격적으로 탐구하기 시작한 것은 소피스트들과 소크라테스이다. 소크라테스는 "그대 영혼을 돌보라"라는 말로 영혼이라는 말을 새롭게 해석했으며, 사람들로 하여금 덕을 이해하고 덕을 쌓도록 노력하게 함으로써 영혼을 돌볼 수 있게 하려 했다.

또, 소크라테스는 지행합일(知行合一)을 이야기한다. 그러나 아리스토텔레스는 이 점을 비판했다. "우리는 건강이 무엇인가를 알고 싶어 하기보다는 건강하게 되기를 바라고, 용기가 무엇인지 알고 싶은 것이 아니라 용감하게 되기를 원하며, 정의가 무엇인가를 알고 싶은 것이 아니라 정의롭게 되기를 원하기 때문"이다. 즉, 아리스토텔레스는 소크라테스가 이론철학과 실천철학을 혼동했다고 본 것이다. 이것은 또한 소크라테스가 인성을 너무 주지주의적으로 보았음을 함축하기도 한다.

그러나 소크라테스의 입장에서 보면, 지혜를 동반하지 않는 덕들은 사상누각(砂上樓閣)에 불과하다. 그리고 알면서도 악을 행하는 사람은 피상적인 앎을 가지고 있는 것이며, 그것이 자신의 영혼을 더럽힌다는 사실을 진정으로는 알고 있지 못한 것이다. 피상적인 즐거움과 영혼의 행복은 다르다.

소크라테스는 지행합일을 논증하려 하고 있지만(그 논증 자체는 성공하지 못했다고 해야 한다), 그가 진정으로 목표한 것은 그 논증들을 통해서 그의 앞에 현존해 있는 타인들을 덕으로 이끌어 가는 것이었다.

동양의 덕

동북아적 맥락으로 들어가 보자. '德'은 '悳(덕)'에서 왔다. '悳'에서 '直'은 '得'과 통하기 때문에, '悳'은 마음[心]이 얻은 바를 뜻한다. 이 점은 그리스에서 아레테가 영혼의 힘을 뜻했던 것과 통한다.

그런데 마음으로 얻은 바는 몸으로 표현된다. 그래서 덕이란 어떤 사람의 영혼의 힘이 겉으로 표현됨을 뜻했다고 할 수 있다. 여기에서 겉으로 표현된다는 것은 허공을 향해 표현되는 것이 아니라 바로 타인들을 향해 표현된다는 뜻을 함축한다. 그래서 덕이란 타인들과의 관계에서 나타나는 영혼의 힘을 뜻한다고 볼 수 있다.

공자는 "정치를 할 때 덕으로써 해야 한다[爲政以德]"고 했다. 이것은 군자가 권력이 아닌 매력으로 통치해야 함을 뜻한다고 볼 수 있다. 덕이 있는 군주는 그 영혼에서 뻗치는 힘으로 사람들을 편안하게 해줄 수 있다. 그런 덕은 북극성에 비유할 수 있다. 이 별이 제자리에 있기만 해도 뭇 별들은 그와 함께 하기 때문이다.

노자의 덕은 보다 형이상학적이다. 공자가 사람과 사람 사이의 '爲'로서의 덕을 말했다면, 노자는 '無爲(무위)'로서의 덕을 말했고, 공자가 현실적 대안들을 제시했다면, 노자는 존재론적으로 정초했다.

덕은 '氣'가 드러나는 양상이다. 기의 한 존재 방식이 영혼의 힘이라고 한다면, 덕은 그 힘의 드러남이다. 그러나 노자의 덕은 개개의 일상적 덕이 아니라 '玄德' '上德' '常德' '功德'이다.

> 玄德深矣遠矣 與物反矣
> 현묘한 덕은 깊고 멀어서 세상사의 저편에 있다네.
>
> (『도덕경』 65장.)

덕은 사람들 사이의 관계로서의 '有'를 세우는 것이 아니라, 오히려 마음을 비우는 것[虛其心]이다. 마음을 비울 때 오히려 그 빈 공간에서 타인들은 편안함을 느끼게 된다. 그래서 장자는 "바깥으로 그 덕을 드러내려는" 양주나 묵적을 비판한 것이다.

모럴(moral)과 에틱(ethic)

흔히 'morality'를 '도덕'으로, 'ethics'를 '윤리'로 번역하지만, 이 개념쌍들의 의미가 정확히 일치하는 것은 아니다.

모럴과 에틱의 차이는 칸트와 스피노자 사이에서 분명하게 나타난다. 서구에서 모럴이란 '옳음'과 '그름'의 문제이며, 초월적 가치를 따라야 할 의무와 밀접한 관련을 가진다. 이 점에서 모럴은 기독교적 가치들과 밀접하게 연관되어 있다. 기독교에서 중요한 것은 좋음과 나쁨이 아니라 선=옳음과 악=그름이다. 현세적 행복보다 의무가 중요시되는 것이다.

칸트는 보다 철학적인 방식으로 모럴을 이야기했다. 칸트는 기독교의 권위가 추락된 현실에서 그 가치를 인간 주체에게로 옮긴다. 그래서 '선의지(善意志)'와 책임감을 갖춘 주체의 의식에서 도덕의 근거를 찾는다. 이 선의지는 곧 도덕법칙을 따르려는 의지이다. 이 자아는 경험적 자아가 아니라 선험적 자아이며, 이는 자연의 세계와 자유/가치/목적의 세계를 양분함으로써 가능하다.

한편 스피노자는 전혀 다른 방식으로 '윤리'를 이야기한다.

즉, 변양, 합성과 분해, 좋음과 나쁨, 신에 대한 사랑 등을 통해서 윤리를 이야기한다. 이 점에서 그는 칸트와 대조적이다. 현대 철학은 스피노자의 길을 따르고 있다.

현대의 윤리론, 덕성론에서 우선 중요한 것은 '영혼의 힘'이라는 고전적인 개념이 가진 의미를 다시 성찰하는 것이다. 이 때의 영혼은 근대의 추상화되고 주관화된 영혼도 아니고, 유물론적이고 과학주의적인 영혼도 아니다. 따라서 우리는 생명, 신체, 정신, 이성 등이 모두 깃들어 있던 고대적 영혼 개념에 기초해야 할 것이다.

오늘날은 상대주의 시대이고 매우 역동적인 시대이다. 보편성을 가져오는 도덕론보다는 관계를 통해 '좋은 만남'(스피노자)을 만들어 가는 윤리론이 필요하다.

에필로그

고전적인 철학에서 인성론은 매우 큰 비중을 차지했다. 그러나 근대 이후 인성론은 인식론이 되어버렸고, 윤리학에서만 인성론을 논하게 된다. 인성론에 윤리학과 인식론이 포괄되는 것이 아니라 윤리학에 인성론이 포괄되게 되는 것이다. 원래 철학에서는 인성론의 비중이 상당히 큰 것이었다. 그러나 이상하게도 현대에 올수록 인성론이 죽어버렸다. 특히 분석철학이나 구조주의, 마르크시즘 등 대체적으로 외향적인 사유들이 전경을 차지하고, 인간에 대한 섬세한 관심은 희박해졌다. 단지 현상학 전통이 인성론에 비교적 큰 비중을 두고 있다고 할 수 있겠다.

또한 심리학이 발달하면서, 오늘날 인간도 자연과학적인 분석의 대상이 되었고, 때문에 인간의 고유하고 섬세한 측면들은 제대로 이해되지 못하고 있다. 어떤 면에서는 정신분석학이 인간에 대한 깊이 있는 이해를 준다고 할 수 있지만, 정신분석학은 환자들에 대한 병리학적 이해를 인간 일반에 대한 이해로 너무 쉽게 확장한다는 점에서 문제점이 노출되고 있다. 요컨대 철학에서든 심리학에서든 포괄적이면서 섬세한 인성론적 탐구가 부족한 것이다. 동북아의 인성론 전통이나 불교 전통이 있지만 현대적 맥락에서 재사유되기보다는 문헌학적 연구의 대상으로서만 다루어질 뿐이다. 인성론의 부활이 절실히 요청되는 시대이다.

참고문헌

메를로-퐁티, 류의근 옮김, 『지각의 현상학』, 문학과지성사, 2002.

베르그송, 홍경실 옮김, 『물질과 기억』, 교보문고, 1991.

스피노자, 강영계 옮김, 『에티카』, 서광사, 1990.

아리스토텔레스, 유원기 옮김, 『영혼에 관하여』, 궁리, 2001.

이정우, 『주름, 갈래, 울림』, 거름, 2001.

주자, 허탁 옮김, 『주자어류』, 청계, 1998.

플라톤, 박종현 옮김, 『파이돈』, 서광사, 2003.

영혼론 입문

펴낸날 초판 1쇄 2003년 12월 30일
초판 6쇄 2019년 6월 25일

지은이 이정우
펴낸이 심만수
펴낸곳 (주)살림출판사
출판등록 1989년 11월 1일 제9-210호

주소 경기도 파주시 광인사길 30
전화 031-955-1350 팩스 031-624-1356
홈페이지 http://www.sallimbooks.com
이메일 book@sallimbooks.com

ISBN 978-89-522-0178-2 04080
978-89-522-0096-9 04080(세트)

089 커피 이야기

eBook

김성윤(조선일보 기자)

커피는 일상을 영위하는 데 꼭 필요한 현대인의 생필품이 되어 버렸다. 중독성 있는 향, 마실수록 감미로운 쓴맛, 각성효과, 마음의 평화까지 제공하는 커피. 이 책에서 저자는 커피의 발견에 얽힌 이야기를 통해 그 기원을 설명한다. 커피의 문화사뿐만 아니라 커피에 대한 일반적인 정보 및 오해에 대해서도 쉽고 재미있게 소개한다.

021 색채의 상징, 색채의 심리

박영수(테마역사문화연구원 원장)

색채의 상징을 과학적으로 설명한 책. 색채의 이면에 숨어 있는 과학적 원리를 깨우쳐 주고 색채가 인간의 심리에 어떤 작용을 하는지를 여러 가지 분야의 사례를 통해 설명한다. 저자는 색에는 나름대로의 독특한 상징이 숨어 있으며, 성격에 따라 선호하는 색채도 다르다고 말한다.

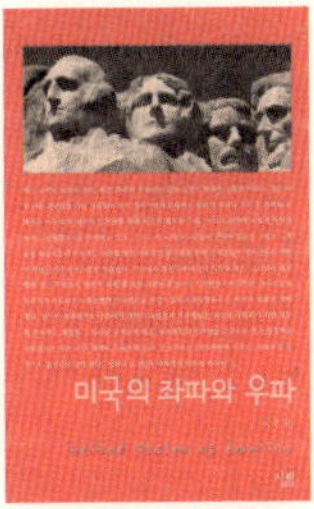

001 미국의 좌파와 우파

eBook

이주영(건국대 사학과 명예교수)

진보와 보수 세력의 변천사를 통해 미국의 정치와 사회 그리고 문화가 어떻게 형성되고 변해왔는지를 추적한 책. 건국 초기의 자유방임주의가 경제위기의 상황에서 진보-좌파 세력의 득세로 이어진 과정, 민주당과 공화당의 대립과 갈등, '제2의 미국혁명'으로 일컬어지는 극우파의 성장 배경 등이 자연스럽게 서술된다.

002 미국의 정체성 10가지 코드로 미국을 말하다

eBook

김형인(한국외대 연구교수)

개인주의, 자유의 예찬, 평등주의, 법치주의, 다문화주의, 청교도 정신, 개척 정신, 실용주의, 과학 · 기술에 대한 신뢰, 미래지향성과 직설적 표현 등 10가지 코드를 통해 미국인의 정체성과 신념을 추적한 책. 미국인의 가치관과 정신이 어떠한 과정을 통해서 형성되고 변천되어 왔는지를 보여 준다.

058 중국의 문화코드

강진석(한국외대 연구교수)

중국의 핵심적인 문화코드를 통해 중국인의 과거와 현재, 문명의 형성 배경과 다양한 문화 양상을 조명한 책. 이 책은 중국인의 대표적인 기질이 어떠한 역사적 맥락에서 형성되었는지 주목한다. 또한, 구체적이고 실제적인 여러 사물과 사례를 중심으로 중국인의 사유방식에 대해 설명해 주고 있다.

057 중국의 정체성

eBook

강준영(한국외대 중국어과 교수)

중국, 중국인을 우리는 과연 어떻게 이해해야 하나? 우리 겨레의 역사와 직 · 간접적으로 끊임없이 영향을 주고받은 중국, 그러면서도 아직까지 그들의 속내를 자신 있게 말할 수 없는, 한편으로는 신비스럽고, 한편으로는 종잡을 수 없는 중국인에 대한 정체성을 명쾌하게 정리한 책.

015 오리엔탈리즘의 역사

eBook

정진농(부산대 영문과 교수)

동양인에 대한 서양인의 오만한 사고와 의식에 준엄한 항의를 했던 에드워드 사이드의 오리엔탈리즘. 이 책은 에드워드 사이드의 이론 해설에 머무르지 않고 진정한 오리엔탈리즘의 출발점과 그 과정, 그리고 현재와 미래의 조망까지 아우른다. 또한 오리엔탈리즘이 사이드가 발굴해 낸 새로운 개념이 결코 아님을 역설한다.

186 일본의 정체성

eBook

김필동(세명대 일어일문학과 교수)

일본인의 의식세계와 오늘의 일본을 만든 정신과 문화 등을 소개한 책. 일본인을 지배하는 이데올로기는 무엇이고 어떤 특징을 가지는지, 일본을 주목해야 하는 이유는 무엇인지 등이 서술된다. 일본인 행동양식의 특징과 토착적인 사상, 일본사회의 문화적 전통의 실체에 대한 분석을 통해 일본의 정체성을 체계적으로 살펴보고 있다.

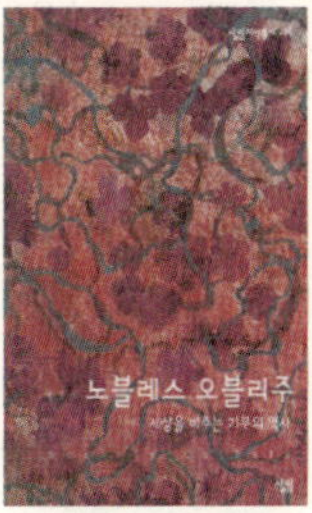

261 노블레스 오블리주 세상을 비추는 기부의 역사

예종석(한양대 경영학과 교수)

프랑스어로 '높은 사회적 신분에 상응하는 도덕적 의무'를 뜻하는 노블레스 오블리주. 고대 그리스부터 현대까지 이어지고 있는 노블레스 오블리주의 역사 및 미국과 우리나라의 기부 문화를 살펴보고, 새로운 시대정신으로 노블레스 오블리주를 부활시킬 수 있는 가능성을 모색해 본다.

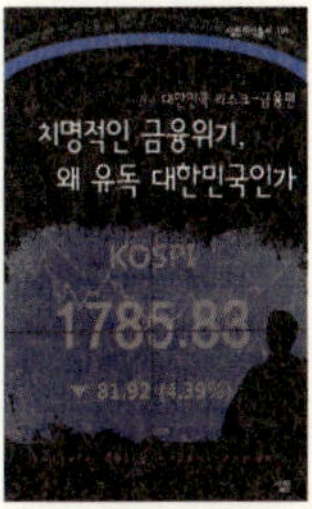

396 치명적인 금융위기, 왜 유독 대한민국인가 eBook

오형규(한국경제신문 논설위원)

이 책은 전 세계적인 금융 리스크의 증가 현상을 살펴보는 동시에 유달리 위기에 취약한 대한민국 경제의 문제를 진단한다. 금융안정망 구축 방안과 같은 실용적인 경제정책에서부터 개개인이 기억해야 할 대비법까지 제시해 주는 이 책을 통해 현대사회의 뉴노멀이 되어 버린 금융위기에서 살아남는 방법을 확인해 보자.

400 불안사회 대한민국, 복지가 해답인가 eBook

신광영 (중앙대 사회학과 교수)

대한민국 사회의 미래를 위해서 복지는 선택이 아니라 필수라고 말하는 책. 이를 위해 경제 위기, 사회해체, 저출산 고령화, 공동체 붕괴 등 불안사회 대한민국이 안고 있는 수많은 리스크를 진단한다. 저자는 사회적 위험에 대응하기 위한 복지 제도야말로 국민 모두의 삶의 질을 높일 수 있는 길이라는 것을 역설한다.

380 기후변화 이야기 eBook

이유진(녹색연합 기후에너지 정책위원)

이 책은 기후변화라는 위기의 시대를 살면서 우리가 알아야 할 기본지식을 소개한다. 저자는 기후변화와 관련된 핵심 쟁점들을 모두 정리하는 동시에 우리가 행동해야 할 실천적인 대안을 제시한다. 이를 통해 독자들은 기후변화 시대를 사는 우리가 무엇을 해야 할 것인지에 대하여 생각해 볼 수 있을 것이다.

사회 · 문화

eBook 표시가 되어있는 도서는 전자책으로 구매가 가능합니다.

001 미국의 좌파와 우파 | 이주영
002 미국의 정체성 | 김형인 eBook
003 마이너리티 역사 | 손영호
004 두 얼굴을 가진 하나님 | 김형인
005 MD | 정욱식 eBook
006 반미 | 김진웅
007 영화로 보는 미국 | 김성곤 eBook
008 미국 뒤집어보기 | 장석정
009 미국 문화지도 | 장석정
010 미국 메모랜덤 | 최성일
015 오리엔탈리즘의 역사 | 정진농 eBook
021 색채의 상징, 색채의 심리 | 박영수
028 조폭의 계보 | 방성수
037 마피아의 계보 | 안혁
039 유대인 | 정성호 eBook
048 르 몽드 | 최연구 eBook
057 중국의 정체성 | 강준영 eBook
058 중국의 문화코드 | 강진석
060 화교 | 정성호 eBook
061 중국인의 금기 | 장범성
077 21세기 한국의 문화혁명 | 이정덕 eBook
078 사건으로 보는 한국의 정치변동 | 양길현 eBook
079 미국을 만든 사상들 | 정경희 eBook
080 한반도 시나리오 | 정욱식 eBook
081 미국인의 발견 | 우수근
083 법으로 보는 미국 | 채동배
084 미국 여성사 | 이창신 eBook
089 커피 이야기 | 김성윤 eBook
090 축구의 문화사 | 이은호
098 프랑스 문화와 상상력 | 박기현 eBook
119 올림픽의 숨은 이야기 | 장원재
136 학계의 금기를 찾아서 | 강성민 eBook
137 미 · 중 · 일 새로운 패권전략 | 우수근
142 크리스마스 | 이영제
160 지중해학 | 박상진
161 동북아시아 비핵지대 | 이삼성 외
186 일본의 정체성 | 김필동 eBook
190 한국과 일본 | 하우봉 eBook
217 문화콘텐츠란 무엇인가 | 최연구 eBook
222 자살 | 이진홍 eBook
223 성, 억압과 진보의 역사 | 윤가현 eBook
224 아파트의 문화사 | 박철수 eBook
227 한국 축구 발전사 | 김성원 eBook
228 월드컵의 위대한 전설들 | 서준형
229 월드컵의 강국들 | 심재희
231 일본의 이중권력, 쇼군과 천황 | 다카시로 고이치
235 20대의 정체성 | 정성호 eBook
236 중년의 사회학 | 정성호 eBook
237 인권 | 차병직 eBook
238 헌법재판 이야기 | 오호택 eBook
248 탈식민주의에 대한 성찰 | 박종성 eBook
261 노블레스 오블리주 | 예종석
262 미국인의 탄생 | 김진웅
279 한국인의 관계심리학 | 권수영
282 사르트르와 보부아르의 계약결혼 | 변광배
284 동유럽의 민족 분쟁 | 김철민
288 한미 FTA 후 직업의 미래 | 김준성 eBook
299 이케다 하야토 | 권혁기 eBook
300 박정희 | 김성진 eBook
301 리콴유 | 김성진 eBook
302 덩샤오핑 | 박형기 eBook
303 마거릿 대처 | 박동운 eBook
304 로널드 레이건 | 김형곤 eBook
305 셰이크 모하메드 | 최진영
306 유엔사무총장 | 김정태 eBook
312 글로벌 리더 | 백형찬
320 대통령의 탄생 | 조지형
321 대통령의 퇴임 이후 | 김형곤
322 미국의 대통령 선거 | 윤용희
323 프랑스 대통령 이야기 | 최연구
328 베이징 | 조창완
329 상하이 | 김윤희
330 홍콩 | 유영하
331 중화경제의 리더들 | 박형기
332 중국의 엘리트 | 주장환
333 중국의 소수민족 | 정재남
334 중국을 이해하는 9가지 관점 | 우수근
344 보수와 진보의 정신분석 | 김용신
345 저작권 | 김기태
357 미국의 총기 문화 | 손영호
358 표트르 대제 | 박지배
359 조지 워싱턴 | 김형곤
360 나폴레옹 | 서정복
361 비스마르크 | 김장수
362 모택동 | 김승일
363 러시아의 정체성 | 기연수
364 너는 시방 위험한 로봇이다 | 오은
365 발레리나를 꿈꾼 로봇 | 김선혁
366 로봇 선생님 가라사대 | 안동근
367 로봇 디자인의 숨겨진 규칙 | 구신애
368 로봇을 향한 열정, 일본 애니메이션 | 안병욱
378 데킬라 이야기 | 최명호 eBook
380 기후변화 이야기 | 이유진 eBook
385 이슬람 율법 | 공일주 eBook
390 법원 이야기 | 오호택 eBook
391 명예훼손이란 무엇인가 | 안상운
392 사법권의 독립 | 조지형
393 피해자학 강의 | 장규원 eBook
394 정보공개란 무엇인가 | 안상운 eBook
396 치명적인 금융위기, 왜 유독 대한민국인가 | 오형규 eBook
397 지방자치단체, 돈이 새고 있다 | 최인욱 eBook
398 스마트 위험사회가 온다 | 민경식 eBook
399 한반도 대재난, 대책은 있는가 | 이정직 eBook
400 불안사회 대한민국, 복지가 해답인가 | 신광영 eBook
401 21세기 대한민국 대외전략: 낭만적 평화란 없다 | 김기수 eBook
402 보이지 않는 위협, 종북주의 | 류현수 eBook
403 우리 헌법 이야기 | 오호택 eBook
405 문화생활과 문화주택 | 김용범 eBook
406 미래 주거의 대안 | 김세용 · 이재준 eBook
407 개방과 폐쇄의 딜레마, 북한의 이중적 경제 | 남성욱 · 정유석 eBook
408 연극과 영화를 통해 본 북한사회 | 민병욱 eBook
409 먹기 위한 개방, 살기 위한 핵외교 | 김계동 eBook
410 북한 정권 붕괴 가능성과 대비 | 전경주 eBook
411 북한을 움직이는 힘, 군부의 패권경쟁 | 이영훈 eBook
412 인민의 천국에서 벌어지는 인권유린 | 허만호 eBook
428 역사로 본 중국음식 | 신계숙 eBook
429 일본요리의 역사 | 박병학 eBook
430 한국의 음식문화 | 도현신 eBook
431 프랑스 음식문화 | 민혜련 eBook
438 개헌 이야기 | 오호택
443 국제 난민 이야기 | 김철민
447 브랜드를 알면 자동차가 보인다 | 김흥식 eBook
473 NLL을 말하다 | 이상철 eBook

(주)살림출판사
www.sallimbooks.com
주소 경기도 파주시 문발동 522-1 | 전화 031-955-1350 | 팩스 031-955-1355